BEM JURÍDICO E FUNCIONALISMO SISTÊMICO

IMERSÃO NA DOUTRINA DE GÜNTHER JAKOBS E SUA CONCEPÇÃO DA NORMA PENAL COMO OBJETO DE PROTEÇÃO DO DIREITO PENAL

CARLOS AUGUSTO MACHADO DE BRITO

Prefácio
Fabio Roberto D'Avila

Apresentação
Felipe Negreiros

BEM JURÍDICO E FUNCIONALISMO SISTÊMICO

IMERSÃO NA DOUTRINA DE GÜNTHER JAKOBS E SUA CONCEPÇÃO DA NORMA PENAL COMO OBJETO DE PROTEÇÃO DO DIREITO PENAL

Belo Horizonte

FÓRUM
CONHECIMENTO JURÍDICO
2025

© 2025 Editora Fórum Ltda.

É proibida a reprodução total ou parcial desta obra, por qualquer meio eletrônico,
inclusive por processos xerográficos, sem autorização expressa do Editor.

Conselho Editorial

Adilson Abreu Dallari
Alécia Paolucci Nogueira Bicalho
Alexandre Coutinho Pagliarini
André Ramos Tavares
Carlos Ayres Britto
Carlos Mário da Silva Velloso
Cármen Lúcia Antunes Rocha
Cesar Augusto Guimarães Pereira
Clovis Beznos
Cristiana Fortini
Dinorá Adelaide Musetti Grotti
Diogo de Figueiredo Moreira Neto (*in memoriam*)
Egon Bockmann Moreira
Emerson Gabardo
Fabrício Motta
Fernando Rossi
Flávio Henrique Unes Pereira

Floriano de Azevedo Marques Neto
Gustavo Justino de Oliveira
Inês Virgínia Prado Soares
Jorge Ulisses Jacoby Fernandes
Juarez Freitas
Luciano Ferraz
Lúcio Delfino
Marcia Carla Pereira Ribeiro
Márcio Cammarosano
Marcos Ehrhardt Jr.
Maria Sylvia Zanella Di Pietro
Ney José de Freitas
Oswaldo Othon de Pontes Saraiva Filho
Paulo Modesto
Romeu Felipe Bacellar Filho
Sérgio Guerra
Walber de Moura Agra

FÓRUM
CONHECIMENTO JURÍDICO

Luís Cláudio Rodrigues Ferreira
Presidente e Editor

Coordenação editorial: Leonardo Eustáquio Siqueira Araújo
Revisão: Vinícius Fernandes
Capa, projeto gráfico e diagramação: Walter Santos

Rua Paulo Ribeiro Bastos, 211 – Jardim Atlântico – CEP 31710-430
Belo Horizonte – Minas Gerais – Tel.: (31) 99412.0131
www.editoraforum.com.br – editoraforum@editoraforum.com.br

Técnica. Empenho. Zelo. Esses foram alguns dos cuidados aplicados na edição desta obra. No
entanto, podem ocorrer erros de impressão, digitação ou mesmo restar alguma dúvida conceitual.
Caso se constate algo assim, solicitamos a gentileza de nos comunicar através do *e-mail* editorial@
editoraforum.com.br para que possamos esclarecer, no que couber. A sua contribuição é muito
importante para mantermos a excelência editorial. A Editora Fórum agradece a sua contribuição.

Dados Internacionais de Catalogação na Publicação (CIP) de acordo com ISBD

B862b	Brito, Carlos Augusto Machado de
	Bem jurídico e funcionalismo sistêmico: imersão na doutrina de Günther Jakobs e sua concepção da norma penal como objeto de proteção do Direito Penal / Carlos Augusto Machado de Brito. Belo Horizonte: Fórum, 2025.
	195 p. 14,5x21,5cm
	ISBN impresso 978-65-5518-879-0
	ISBN digital 978-65-5518-876-9
	1. Bem. 2. Jurídico. 3. Penal. 4. Funcionalismo. 5. Jakobs. I. Título.
	CDD: 345
	CDU: 343.2

Ficha catalográfica elaborada por Lissandra Ruas Lima – CRB/6 – 2851

Informação bibliográfica deste livro, conforme a NBR 6023:2018 da Associação Brasileira de
Normas Técnicas (ABNT):

BRITO, Carlos Augusto Machado de. *Bem jurídico e funcionalismo sistêmico*: imersão na
doutrina de Günther Jakobs e sua concepção da norma penal como objeto de proteção do
Direito Penal. Belo Horizonte: Fórum, 2025. 195 p. ISBN 978-65-5518-879-0.

Aos meus pais, pelo que me tornei;

À minha esposa, pelo que sou;

Aos meus filhos, por tudo de bom que ainda posso vir a ser;

Ao início, ao meio e à eternidade,

Dedico.

AGRADECIMENTOS

O presente livro é fruto da dissertação de mestrado apresentada em agosto de 2023 junto ao Programa de Pós-Graduação em Direito do Centro Universitário de João Pessoa (UNIPÊ), aprimorada pelas críticas e sugestões da banca composta pelos professores Felipe Augusto Forte de Negreiros Deodato, Romulo Rhemo Palitot Braga e Fábio Roberto D'Avila.

Antes de tudo, temos que proceder ao reconhecimento daqueles que nos ajudaram nesta caminhada ao conhecimento.

Primeiramente, e sempre, agradeço aos meus pais, Carlos Alberto e Amélia, que desde sempre nos incentivaram na busca por conhecimento e sendo exemplo de como a construção intelectual de um ser é indissociável de uma postura ética e de desenvolvimento pessoal como ser humano.

À minha esposa, Gabriela, minha parceira de vida que me proporciona um caminhar tranquilo e seguro nessa estrada que é a vida e sempre nos apoiando em nossos projetos de vida.

Aos meus filhos, João Luiz e Maria Beatriz, razão do nosso caminhar, as luzes que trazem a alegria cotidiana para dentro do nosso lar.

À minha irmã, Ana Cecília, meu cunhado, Gustavo, e meus sobrinhos Natália e Guilherme, pelo exemplo de construção e solidez familiar, consagrando nossa unidade e fonte comum no castelo que é a família.

Ao meu orientador, Felipe Augusto Forte de Negreiros Deodato, por todo o tempo e paciência dedicado na ajuda da construção deste trabalho e por todos os outros projetos, que desde os tempos do curso do Direito nos incentivou aos estudos das ciências penais.

A todos os professores do curso de mestrado do Centro Universitário de João Pessoa (UNIPÊ), em especial os professores Romulo e Glauber, que, com seus conhecimentos e amizade, nos impulsionaram para o mundo da pesquisa.

Ao Ministério Público do Estado da Bahia, em especial aos que comigo trabalham, servidores, assessora e estagiários, que me ajudaram com vossas colaborações, amizade e sentimento de se servir ao público, trabalhamos em prol de promover cada dia mais justiça para a comunidade a que servimos.

E a Deus, por toda a fonte de vida e saúde, para que sigamos na luta diária.

*— Reze e trabalhe, fazendo de conta que esta
vida é um dia de capina com sol quente, que
às vezes custa muito passar, mas sempre
passa. E você ainda pode ter muito pedaço
bom de alegria... Cada um tem a sua hora
e a sua vez: você há de ter a sua.*

João Guimarães Rosa,
A hora e a vez de Augusto Matraga.

SUMÁRIO

PREFÁCIO
Fabio Roberto D'Avila 13

APRESENTAÇÃO
Felipe Negreiros...17

INTRODUÇÃO...21

CAPÍTULO 1
ENQUADRAMENTO DOGMÁTICO: A QUESTÃO DO BEM
JURÍDICO E SUA EVOLUÇÃO HISTÓRICA 27
1.1   Uma breve história sobre o bem jurídico 28
1.2   Iluminismo: nascimento de um sistema..28
1.3   Feuerbach: a ideia de crime como lesão de direito 31
1.4   A gêneses do bem jurídico penal pelas ideias de Birnbaum..............35
1.5   Binding e Liszt – positivismo na definição do bem jurídico.............40
1.6   Finalismo e a inserção de um valor na teoria do bem jurídico.........45

CAPÍTULO 2
O BEM JURÍDICO PROPRIAMENTE DITO...51
2.1   O que vem a ser o bem jurídico 51
2.2   Funções do bem jurídico na dogmática penal...............................55
2.3   Constitucionalização do bem jurídico penal 61
2.4   Principiologia consequencial do direito penal protetor do bem
jurídico 64

CAPÍTULO 3

FUNCIONALISMO: O NOVO SEMPRE VEM 75

3.1   Funcionalismo: uma nova perspectiva do direito penal 76

3.2   O funcionalismo teleológico de Claus Roxin: direito penal
      funcional à proteção do bem jurídico 80

3.3   Críticas ao sistema teleológico de Roxin 96

CAPÍTULO 4

JAKOBS E O SEU FUNCIONALISMO SISTÊMICO 105

4.1   Sucintos apontamentos biográficos sobre o autor............................106

4.2   A teoria dos sistemas de Niklas Luhmann e a visão sobre
      o direito e a norma jurídica – embasamento teórico 109

4.3   Vigência normativa – pedra de toque do sistema penal de Jakobs
      e a transmutação do bem jurídico penalmente protegido................117

4.4   Críticas ao funcionalismo sistêmico..134

CAPÍTULO 5

INIMIGO, QUEM É VOCÊ? SOBRE O DIREITO PENAL DO INIMIGO E A PSEUDONOÇÃO DE EFICIÊNCIA EM DETRIMENTO DA NOÇÃO DE PROTEÇÃO DE BENS JURÍDICOS 143

5.1   O artigo nascedouro e o estopim de 11 de setembro de 2001............145

5.2   O que se entende por direito penal do inimigo (*Feindstrafrecht*) e
      direito penal do cidadão (*Bürgerstrafrecht*): a funcionalização do
      conceito de pessoa 150

5.3   Ele está entre nós: expressões legislativas do direito penal
      do inimigo no ordenamento nacional..159

5.4   Críticas ao direito penal do inimigo 164

5.5   A lição histórica das consequências do abandono do bem jurídico
      como objeto de proteção do direito penal: do nazismo ao direito
      penal do inimigo 170

5.6   Pensamentos reflexivos em prol da necessária observância
      ao bem jurídico como legitimador da eficiência penal......................176

CONSIDERAÇÕES FINAIS...185

REFERÊNCIAS..189

PREFÁCIO

O que é o crime? Há séculos a literatura penal tem se debruçado sobre essa tão tormentosa quanto fascinante questão. Por ela passam as linhas fundamentais de qualquer sistema penal. Dela dependem os limites do poder punitivo, a finalidade e a dinâmica do sistema, mas também, e principalmente, os seus parâmetros e códigos básicos de compreensão. É dizer, não o porquê ou o para quê se pune, mas antes uma reflexão que se ocupa da dimensão existencial da matéria de incriminação, do ser desse particular fragmento de realidade que, pela mão do legislador, se eleva ao patamar máximo de desvalor jurídico, ao qual se vincula a mais gravosa das respostas penais. Seria o crime qualquer coisa que se queira, abrindo-se a um ilimitado poder de escolha e à livre conveniência do Estado? Ou, pelo contrário, demandaria a sua dimensão existencial qualidades inegociáveis, a se sobrepor, por vezes, ao próprio interesse estatal?

Uma tal reflexão – como não poderia ser diferente – lança raízes profundas na história. É ela responsável por diferentes Escolas, em diferentes momentos da evolução do pensamento jurídico e à luz de diferentes modelos de Estado. Dada a sua profunda imbricação político-social, nunca esteve fechada a uma única resposta. É fruto do próprio movimento que anima a nossa percepção comunitária e do sentido que atribuímos aos elementos que conformam a nossa existência individual e coletiva. Daí não ser recomendável, e nem sequer possível, a sua redução à simplista lógica do bom ou mau, do certou ou errado. Mais vale, isso sim, percebermos a bondade de cada resposta à luz do caminho que é por ela proposto.

A isso bem se propõe a presente obra. E o faz valendo-se da teoria do bem jurídico e do funcionalismo sistêmico de Günther Jakobs.

Uma aproximação nada singela, diga-se. De um lado, tem-se a densidade e o peso dogmático de ambas as elaborações; de outro, a enorme distância que as separa.

Contudo, é preciso ter em conta que é justamente no contraste que se pode encontrar um dos mais potentes parâmetros de análise. Se nos fosse possível perceber apenas uma cor, jamais teríamos consciência da sua presença. Tal consciência só é possível a partir de outras cores. E apenas porque há outras é que podemos perceber o que há de próprio em cada uma delas.

Aqui não será diferente. Aproximando a teoria do bem jurídico com a teoria sistêmica, o autor busca parâmetros para uma justa e equilibrada apreciação. O que, ciente do peso da matéria eleita, é por ele conduzido com o devido zelo e a necessária responsabilidade.

Para tanto, em um primeiro momento, a obra se ocupará da teoria do bem jurídico, apresentando ao leitor os principais elementos do seu percurso histórico, com vistas a contextualizar o atual estado da arte. Em um segundo, se ocupará da elaboração teórica de Günther Jakobs, buscando, aos poucos, intensificar a sua apreciação crítica. Ponto em que a obra revela mais um de seus tantos méritos: a presença viva de seu autor.

Já à partida, Carlos de Brito dá a conhecer o seu lugar de fala. Ao deixar antever algumas de suas conclusões, o autor toma partido já em suas primeiras linhas, permitindo ao leitor não apenas um melhor domínio da narrativa como também uma melhor compreensão dos problemas que lhe subjazem. Sem rodeios, assume ele o compromisso de "comprovar a importância histórica e contemporânea do bem jurídico como elemento imprescindível como conteúdo material do conceito de delito, exercendo a função de garantia e crítico limitador do poder punitivo estatal, desenvolvendo toda uma gama principiológica que dá sustentação à doutrina do direito penal como protetor de bens jurídicos" (Introdução, p. 13). Posição essa – vale ressaltar – que não se toma descontextualizada, mas sim à luz do contexto brasileiro, à luz das particularidades do nosso sistema de justiça e de um país marcado por importantes demandas sociais. É para essa singular realidade que escreve o autor, e é a partir dela que desenvolve ele as suas reflexões.

Logo, não é preciso muito mais para que se possa perceber o grau de maturidade e comprometimento com que se movimenta Carlos de Brito. Tudo a fazer digna dos mais sinceros elogios à presente obra.

De outra parte, no que toca ao seu autor, não é diferente.

Do breve convívio de que tive a alegria de desfrutar em minhas passagens pela bela João Pessoa, ficou a marca da gentileza e da cordialidade. Do gesto de cuidado para com amigos e familiares. Do sincero interesse e preocupação com o outro. De uma humanidade que transborda a pessoalidade, a fazer de si não apenas alguém moralmente comprometido com a construção de um direito penal mais humano e democrático, mas verdadeiramente empenhado em tornar a sua atuação como jurista, contributo vivo nessa coletiva e sempre inacabada construção.

Mais, não devo avançar.

Deixo agora o leitor na companhia de Carlos de Brito, para que juntos possam percorrer as instigantes páginas da presente obra.

Uma boa leitura!

Porto Alegre, inverno de 2024.

Fabio Roberto D'Avila
Professor Titular da Escola de Direito e do
Programa de Pós-Graduação da PUCRS

APRESENTAÇÃO

Não faz muito tempo, Alberto Silva Franco me fez uma pergunta. Afinal de contas, para que serve o apresentador de um livro jurídico?

Igual ao que ele mesmo me disse ter feito, socorri-me do dicionário *Aurélio* e lá vi que o citado vocábulo possui os mais diversos significados.

Porquanto, um me pareceu bem apropriado, especialmente para a satisfação da missão que me foi dada: "o ato de dar a conhecer ou submeter algo, geralmente original à apreciação de alguém".

Pois bem!

Seguindo essa precisa conclusão, falarei um pouco a respeito da obra que, por agora, Carlos Augusto Machado de Brito nos apresenta.

Posteriormente, falarei, mesmo que de uma maneira breve, sobre o pesquisador que subscreve o presente texto.

Assim, e, de logo, atesto que temos em mãos uma brilhante dissertação de mestrado, com uma aprofundada análise histórica, ou melhor, ontoantropológica, sobre os posicionamentos de Jakobs e o papel que o instituto do bem jurídico tem para com a dogmática penal.

E nesse jaez, digo também que é de se ver que, de antemão, o autor traça um delineamento histórico desse instituto, ponderando sobre o papel do iluminismo e a ideia de um direito penal científico e sistêmico na construção e até mesmo evolução dessa estrutura dogmática.

É daí que ele nos traz, em uma ordem disposta de uma forma mais temática do que cronológica, uma análise sobre as posições de Feuerbach, Birnbaum, Binding, Liszt e do finalismo welzeliano.

E feito isso, volta-se para a natureza jurídica desse referido instituto, as suas funções e os ecos das mais modernas posições sobre a constitucionalidade do tema e as mais interessantes discussões principiológicas, a respeito.

Por fim, reflete sobre as posições de Roxin, fazendo uma outra aprofundada análise, até em comparativo, a respeito do funcionalismo sistêmico de Jakobs, ponderando, com um invejável senso crítico, acerca de todo o traçado feito pela mais forte doutrina, sobre a relação desse importante penalista com o tema ora tratado.

Na realidade, para mim, depois de ler toda essa plataforma argumentativa, concluo que o autor nos traz um dos mais fantásticos estudos sobre o bem jurídico, desenvolvido em nossa literatura jurídica recente e, se digo isso, digo sem desejar aqui fazer uma análise qualitativa definitiva, pois isso deve ser feito por quem tiver a oportunidade de ler essa pesquisa e dela extrair a mesma ou conclusão diversa.

Porém, entendo, entendo mesmo, que vale a pena acentuar, até para emprestar maior consistência e validade ao remate da pesquisa, o fato de que o autor recebeu a nota máxima de uma banca constituída por professores como Fábio Roberto D'Avila, além de outros exigentes juristas.

Assim, após destacar o livro a ser publicado, enfatizar a complexidade do tema nele estudado e a originalidade com que foi tratado, falo igualmente, mesmo que de uma maneira que poderá parecer de passagem, a respeito do autor, isto é, de quem elaborou a presente dissertação.

Sei que o nome já consta da página inicial, mas é necessário que se diga mais sobre Carlos Augusto Machado de Brito.

Conheci-o como aluno de graduação, acompanhei o seu êxito, ainda recém-formado, no concurso de provas e títulos para Promotor de Justiça do importante Estado da Bahia e tive a honra de ser, por fim, o seu orientador no mestrado.

Foi assim que, depois de testemunhar a sua trajetória, verdadeiramente impressionante, senti-me não só honrado, mas também feliz por dar conhecimento ao público-leitor do lançamento de obra jurídica de tão alta valia.

Tenho a plena convicção de que dessa maneira presto o meu pessoal testemunho sobre o relevante papel que o dito autor passará a representar na atual geração de penalistas do país.

Uma geração que oxalá siga uma outra que nunca, nunca devemos esquecer, por mais embrutecido e necessitado tenha ficado o nosso coração.

Uma geração de Joãos, Gilbertos, Chicos, Caetanos e Jobins.

Uma geração sobre a qual o escritor Ruy Castro costumava escrever que: sempre que abriam o piano, o mundo melhorava, pois dele saíam mares, rios, matas, serras, montanhas, peixes, aves, formando um corpo de beleza e eternidade em forma de canção.

Uma geração que não importava onde estivesse; seja de um apartamento em Nova York, de frente para o Metropolitan, ou mesmo de algum hotel de Los Angeles; não se via diferença, pois das suas janelas só se via mesmo o Brasil.

O Brasil da esperança.

Sim!

De páginas ou de trabalhos como este, vê-se clara a tentativa desses jovens pensadores nos tornar melhores, melhores como sociedade; alertar-nos para um tipo de país que, por cumplicidade, desleixo ou omissão, muitos permitem que se destrua.

Felipe Negreiros
Professor

INTRODUÇÃO

A sociedade passa por mudanças sempre, desde os primórdios até os dias atuais. A história, como ciência, ocupa-se de nos relatar os movimentos sociais que acompanharam o caminhar da humanidade em direção à evolução, desenvolvimento, além da busca de uma garantia para a manutenção da paz no âmago da sociedade, evitando a ocorrência de violências, seja advinda de cidadão iguais ou de uma estrutura supraindividual que se tratou denominar de Estado.

Dentro dessa evolução da humanidade, concebida dentro de um movimento social, podemos perceber desde o início um mecanismo configurado para proceder punições àqueles que violassem o modo de vida da sociedade, o qual era utilizado para evitar os desvios dos tendentes a violar os direitos alheios, bem como punir os que procedessem tal violação. Era o que podemos denominar dos fósseis do que hoje chamamos de direito penal. Antes legado esse sistema aos particulares, que aplicariam as penas aos que infringissem, vilipendiassem seus direitos. Depois, a fim de evitar maiores barbáries, o Estado avoca para si esse dever de regular tal sistema e aplicar as penas.

Quais limites teria o poder estatal de dizer o que seria proibido, crime, e como se daria tal punição pelo fato delituoso cometido? Era preciso colocar um parâmetro para a atuação do Estado nessa seara. Não se poderia deixar ao alvedrio estatal a escolha de quais condutas seriam criminalizadas, pois a vontade estatal poderia ser uma violação à própria liberdade do cidadão, sendo necessário desenvolver uma ideia de garantia limitadora ao atuar estatal. E assim é desenvolvida a concepção do bem jurídico penal.

Dentro desse contexto, a presente obra procede uma análise da evolução histórica do conceito de bem jurídico penal, para, à luz desse estudo, proceder uma imersão no funcionalismo sistêmico desenvolvido por Günther Jakobs, observando as consequências geradas por essa visão para a finalidade do direito penal, a função da pena, a construção do sistema do direito penal do inimigo, e a sua adequação à Teoria da exclusiva proteção de bens jurídicos como finalidade do direito penal.

Para isso, é necessário compreendermos o conceito de bem jurídico penal como forma de realizar a segurança do cidadão e limitar o poder punitivo estatal, procedendo a sua construção dentro do contexto histórico.

Procede-se o estudo histórico do bem jurídico desde o limiar do direito penal contido no pensamento iluminista de Beccaria, passando pelas ideias de Feuerbach do crime como lesão, o nascimento do bem jurídico como conteúdo material do delito pelo desenvolvimento de Birnbaum, até a sua consolidação com Binding, Liszt e o resgate por Welzel. Consolidado o entendimento do que vem a ser bem jurídico, identificam-se as funções que ele exerce dentro da dogmática penal, seu papel legitimador dos tipos penais e orientador da política criminal estatal e o desenvolvimento dos princípios da subsidiariedade, insignificância, ofensividade e proporcionalidade como consequência lógica da constitucionalização do bem jurídico vocacionando o direito penal à sua proteção.

Nessa evolução histórica, verificaremos, mais contemporaneamente, o surgimento do funcionalismo penal como uma nova perspectiva do direito penal desenvolvida por Claus Roxin e Günther Jakobs, os quais se diferenciam em suas doutrinas sobre as finalidades e o modo de atuação do direito penal.

Em Claus Roxin, cuidaremos de estudar a influência da política criminal para a construção da tarefa do direito penal de cunho teleológico como protetor de bens jurídicos e os objetivos da pena para a consecução dessa tarefa e as críticas direcionadas a esse autor.

No que diz respeito a Jakobs, procederemos um mergulho em sua concepção funcionalista, tida como sistêmica; será abordada a proteção do direito penal entendendo a norma como centro protetivo e legitimador da intervenção penal e afastando a proteção do bem jurídico, que reflete numa mudança em como é enxergada a função da pena, passando ela a desempenhar uma tarefa de prevenção geral especial. Relataremos como essa visão do direito penal de Jakobs vem gerando críticas por parte dos estudiosos do direito penal, muitos preocupados com o resultado a que se pode chegar com esse "estilo" empregado ao direito penal.

Como destaque desse modo de ver o direito penal, por fim nos debruçaremos na análise do que Jakobs entende por direito penal do inimigo, como procede tal construção ou descrição da constatação da existência desse tipo de direito penal na legislação em paralelo com uma legislação menos invasiva e direcionada para o cidadão. Quem é o inimigo em dicotomia com o conceito de cidadão, a funcionalização do conceito de pessoa, para poder se tachar essa rotulação a quem não se comporta conforme o direito.

Dessa concepção de direito penal do inimigo, observar-se-á que, apesar das críticas, na legislação brasileira podem-se encontrar bastantes exemplos que se encaixam em todos os apontamentos, características elencadas por Jakobs como sendo de um direito penal voltado não para o cidadão, mais sim para o inimigo, tido como uma fonte de perigo que precisa ser combatida e retirada da sociedade.

A história será retomada para servir de base a fundamentar a preocupação e as críticas dos penalista a esse sistema penal, relembrando todo o mal cometido pelo nazismo durante o período da Segunda Guerra Mundial e a aplicação do direito penal baseado e fundamentado em estudos de pensadores da época que ajudaram a legitimar a atuação do Estado fazendo uso do sistema penal, porém desprovido de um sentido humanitário, justamente por dispensar a utilidade do bem jurídico como conteúdo material do delito, e recepcionando a ideia de criminosos como inimigos, sendo aqueles que cometem crime e violam agora não um bem, mas sim um valor, valor esse concebido a partir de visões ideológicas.

Como problemática estabelecida neste trabalho, abordaremos a noção de como é visto o bem jurídico por meio do sistema funcionalista sistêmico de Jakobs. Buscaremos compreender se tal visão se coaduna com a construção de um direito penal liberal e se a sociedade contemporânea corresponde que seja necessária essa visão e as suas implicações para o sistema, se realmente torna o direito penal mais eficiente e se respeita os dogmas estabelecidos pela ciência penal necessários para se estabelecer como garantidor dos direitos do cidadão.

Diante da concepção de Jakobs sobre o bem jurídico, é necessário teorizar se, no cenário atual da sociedade, podemos prescindir de continuarmos trabalhando com o bem jurídico na qualidade de conteúdo do conceito de crime e podemos abandoná-lo em nome de uma busca pela eficiência, mesmo que isso venha pôr em risco toda a construção de um direito penal voltado à garantia. Se, diante da alta criminalidade, mais importante do que dogmas e construções consolidadas, podemos afastar a concepção do bem jurídico e trabalhar com a noção de proteção da norma como objeto imediato de proteção do direito penal.

Nesse ponto, objetivamos comprovar a importância histórica e contemporânea do bem jurídico como elemento imprescindível como conteúdo material do conceito de delito, exercendo a função de garantia e crítico limitador do poder punitivo estatal, desenvolvendo toda uma gama principiológica que dá sustentação à doutrina do direito penal como protetor de bens jurídicos.

Especificamente, direcionamos o olhar para a análise histórica do bem jurídico, nos propondo a analisar a importância do bem jurídico e todo o seu desenvolvimento para a consolidação do direito penal e a sua atuação legitima dentro da sociedade, objetivando limitar o exercício do poder punitivo estatal. Sua consolidação e inserção na Constituição, em que esta passa a ser a fonte de onde o Estado retirará os bens mais valiosos da sociedade para proceder à sua proteção por meio do direito penal.

O tema é de importância na seara jurídica de hoje. Com o aumento da criminalidade, passa-se a demandar um atuar mais célere e eficiente por parte do Estado, que precisa, por meio de seus sistemas repressivos, encontrar soluções para frear a crescente dos crimes. E uma dessas formas, a mais simbólica, acaba sendo a produção de leis que dão a sensação de um atuar estatal direcionado a punir mais eficazmente esses crimes, bem como evitá-los, por meio de aplicação de penas mais severas para a conduta criminosa, bem como criando crimes de perigo abstrato e antecipando a punibilidade para atos preparatórios, visando proteger o bem jurídico de uma futura lesão.

A Organização das Nações Unidas (ONU), elaborou os objetivos de desenvolvimento sustentável (ODS), e, mais especificamente, o décimo sexto objetivo estabelece como diretriz a busca da paz, da justiça e de instituições eficazes, orientando os Estados a terem movimento de promoção de sociedades pacíficas e inclusivas para o desenvolvimento sustentável, proporcionando o acesso à justiça para todos e a construção de instituições eficazes, responsáveis e inclusivas para todos os níveis.

Assim, buscamos compreender uma aplicação eficaz e legitima do direito penal como forma de fortalecimento do Estado de Direito e respeitabilidade aos direitos humanos com base na observância ao dogma da proteção exclusiva do bem jurídico e de todos os princípios correlacionados à recepção dessa doutrina como legitimadora da função do direito penal.

Dentro dessa busca, vislumbramos que, por muitas vezes, o atuar por parte do Estado encontra-se desprovido de uma observação mais cuidadosa com a dogmática penal, gerando crimes que não possuem, em verdade, bens jurídicos concretos a serem protegidos, ou não se verificando na descrição típica da conduta uma ofensividade latente a um bem jurídico a fim de justificar a criminalização, ou até mesmo exagerando a pena a ser aplicada, sendo desproporcional ao fato. O que acaba por dar legitimidade ao que Jakobs denominou de direito penal do inimigo.

Logo, a necessidade do estudo se impõe para o proceder uma análise, ao final, crítica sobre tal postura legislativa, acabando por recepcionar o que Jakobs constatou como uma tendência legislativa moderna e por fundamentar a própria ideia de que a norma é o bem jurídico que deve ser protegido e que o inimigo deve ser combatido e afastado do convívio social.

Reforçaremos a importância do direito penal vinculado à observância do princípio da exclusiva proteção ao bem jurídico, noção que está sendo colocada de lado aos poucos sem que estejamos nos dando conta.

Na pesquisa, procedeu-se uma investigação bibliográfica por meio de autores nacionais e estrangeiros especialistas na matéria; aplicando-se o método científico dedutivo, em conjunto com o hermenêutico, podendo ser classificada como explicativa e exploratória, na perspectiva de estudar o desenvolvimento do conceito de bem jurídico de modo a consolidar o direito penal como mecanismo legitimado a garantir a segurança pública do cidadão, calcada no respeito aos direitos humanos e voltada para o desenvolvimento sustentável.

O presente trabalho se divide em cinco capítulos, precedidos desta introdução e tendo ao encerramento as considerações finais. No capítulo inicial, trabalhamos um enquadramento doutrinário com a origem histórica do bem jurídico, contextualizado com os movimentos jus-filosóficos de cada época, desde o seu germinar até a sua consolidação como instrumento de garantia e crítico limitador do dever de punir do Estado, na qualidade de conteúdo material do delito.

No segundo capítulo, tratamos de entender do que se trata o bem jurídico, sua conceituação, natureza, função desempenhada dentro do sistema penal, sua constitucionalização e as consequências principiológicas trazidas pela recepção da sua doutrina, como dever de observância dos princípios da subsidiariedade, insignificância, ofensividade e proporcionalidade.

Quanto ao terceiro capítulo, cuidamos de abordar o funcionalismo como a forma contemporânea de entendimento do direito penal, analisando do que trata e as duas vertentes dos seus dois expoentes, Claus Roxin e Günther Jakobs, focando nesse capítulo o entendimento de Roxin, em que se destaca a influência da política criminal para a construção da tarefa do direito penal de cunho teleológico como protetor de bens jurídicos e os objetivos da pena para a consecução dessa tarefa e as críticas direcionadas a esse autor.

Já no quarto capítulo, nos concentramos nos estudos desenvolvidos por Jakobs, sua concepção funcionalista, tida como sistêmica, a influência que a teoria dos sistemas de Niklas Luhmann exerceu para a construção de sua dogmática. Abordamos como a proteção do direito penal insere a norma como centro protetivo e legitimador da intervenção penal e afasta a proteção do bem jurídico, resultando uma mudança na função da pena como prevenção geral especial e elencando críticas recebidas por essa forma de pensar o direito penal.

Por fim, no quinto capítulo, ressalta-se que pensar o direito penal do inimigo com esteio nos estudos de Jakobs, nos quais ele destaca quem é o inimigo em dicotomia com o conceito de cidadão, como ele se expressa dentro do direito penal e as críticas feitas pela doutrina a essa teoria; verificar-se-ão os reflexos desse pensamento na produção legislativa penal nacional. Abordaremos a lição histórica do nazismo e a problemática sobre os riscos ao abandono da concepção da proteção do bem jurídico como função legitimadora do direito penal, finalizando com pensamentos reflexivos sobre a importância do bem jurídico na construção de toda a ciência do direito penal para uma busca de sua eficiência na proteção dos valores da sociedade e da liberdade do cidadão, para que assim a comunidade e a sociedade possam buscar um desenvolvimento humano sustentável e pacífico, resultando na consecução de seus fins.

CAPÍTULO 1

ENQUADRAMENTO DOGMÁTICO: A QUESTÃO DO BEM JURÍDICO E SUA EVOLUÇÃO HISTÓRICA

Ayn Rand (2022, p. 25), expoente da filosofia objetivista, escreveu que "para desafiar a premissa básica de qualquer disciplina devemos começar pelo início. Na ética, devemos começar perguntando: o que são valores? Por que o homem precisa deles?"

Importando tal pensamento para o campo da dogmática penal, podemos questionar: o que é o bem jurídico penal? Por que o direito penal precisa do bem jurídico?

Inquestionável, no estudo da ciência do direito penal, a ideia de bem jurídico. É o pilar de sustentação do próprio direito penal. Logo, para desafiar, entender, questionar a matéria é de fator preponderante entendermos o valor fundante da essência do bem jurídico penal.

O direito penal não é apenas uma disciplina, mas também uma ciência. E, como toda ciência, possui os seus dogmas, levando à construção da sua dogmática, ou seja, o estudo desses pontos fundamentais de sua formação científica. Dentro dessa noção dogmática destaca-se a estruturação do crime, onde se revelam os elementos da descrição legal do crime (Reale Júnior, 2006, p. 60).

Nessa descrição legal do crime podemos encontrar um valor ético-social inserido na norma penal o qual visa a sua proteção. Podemos afirmar que a tipificação penal é uma simétrica concretização da teoria tridimensional do direito propugnada pelo jurista Miguel Reale, em que um fato é valorizado como importante juridicamente, ocorrendo sua normatização por meio do processo legislativo. E esse valor incrustado na norma penal incriminadora é justamente o bem jurídico penal a ser protegido.

Logo, mostra-se assaz importante o estudo da sua evolução histórica dentro da ciência penal clássica, do seu surgimento até a sua transformação em fundamento do direito penal (Brandão, 2003, p. 12), sendo instrumento limitador do *ius puniendi* estatal e modelo de crime como ofensa a um bem jurídico (D'Avila, 2009, p. 57), para, em seguida, entendermos a sua posição contemporânea na estrutura dogmática do crime, modificando o seu conteúdo e desafiando as premissas penais construídas no século passado.

1.1 Uma breve história sobre o bem jurídico

Antoine Lavoisier (1743-1794), o pai da química moderna, em 1785, desenvolveu seu postulado conhecido como a lei da conservação das massas, asseverando que "na natureza nada se cria, nada se perde, tudo se transforma" (Pinceli, s.d.). Nas ciências humanas as ideias não nascem prontas e acabadas. Elas surgem e passam por um processo de evolução. Assim ocorre também com a teoria do bem jurídico penal.

Felipe Negreiros Deodato (2015, p. 35) nos ensina que "não há melhor modo de se introduzir nos labirintos das ciências criminais do que acompanhando a trajetória dos sábios que criaram e moldaram essa ciência".

Abraçando, então, esse espírito de viajante do tempo, entendemos ser necessária uma retrospectiva para compreendermos a gestação do que veio a se tornar o que hoje denominamos de bem jurídico. Afinal nem sempre ele foi configurado da forma como hoje se apresenta na doutrina penal. Várias foram as suas concepções, desde a sua gestão até os dias atuais. Também se faz importante para entendermos os debates contemporâneos que norteiam a teoria do bem jurídico.

1.2 Iluminismo: nascimento de um sistema

O direito penal nem sempre foi visto com essa ideia moderna de liberdade. Houve momentos em que o terror, o medo, a vingança e a crueldade das penas eram a face do direito de punir. Com o passar do tempo e as revoluções culturais, ocorrerem mudanças no sistema punitivo, gerando uma humanização desse processo.

Os estudiosos da história do direito penal costumam dividir em três períodos de mudanças do direito penal: a fase da vingança, o humanitário e o científico (Deodato, 2015, p. 35). Há outros que dividem em apenas dois grandes períodos: o do terror e o liberal (Brandão, 2005, p. 11).

Ambas as classificações, ou divisões, comungam de um mesmo pensar: que o direito penal se transformou e, digamos, se humanizou quando abandonou o vínculo, confusão entre crime e pecado, constituindo em um dos momentos mais importantes da gestação do direito penal moderno (D'Avila, 2009, p. 59).

Na era da vingança, ou terror, as leis eram desprovidas de qualquer fundamentação científica, predominava a forte ligação entre a vontade do poder religioso com o ato dito criminoso. Lembra-nos Fábio D'Avila (2009, p. 60) de que crime e pecado se confundiam, sendo a violação aos preceitos religiosos o que se pretendia evitar com as incriminações na época.

Nesse momento histórico não existia a devida atenção com a dignidade do criminoso, as penas eram desumanizadas, ocorria o emprego exagerado da violência. A expiação da culpa era pública e vexatória, objetivando exibir para a população o sentimento de repri-menda e desestimular o cometimento do fato condenado.

Não se tinha certeza sobre o andamento prévio do processo de persecução, pois não havia a previsibilidade das garantias processuais em favor do réu, nem mesmo limitações ao direito de punir do Estado (Brandão, 2005, p. 11).

Porém, um movimento histórico ocorre e vem para mudar toda a perspectiva de visão de mundo em todos os ramos do conhecimento humano. E o direito penal não fica de fora dessa mudança: o Iluminismo.

Esse movimento cultural, séculos XVII e XVIII, constitui como uma verdadeira ruptura entre a idade das trevas – Idade Média –, em que o conhecimento era vinculado à religião, e a chegada das luzes, em que a fonte do conhecimento é a razão. É um marco temporal na humanidade que acaba por desembocar na Revolução Francesa, ocor-rida em 1789.

O pensamento iluminista – caracterizado por uma ideia de liberdade, em que, como já dito, traz a primazia da racionalidade hu-mana colocando o homem como centro de tudo, antropocentrismo – gera frutos no campo jurídico e penal, trazendo mudanças nos sistemas políticos e jurídicos. Defendem a extinção do estado Absolutista e despótico com a inserção de um novo modelo estatal em que o direito teria prevalência, dando origem ao Estado Liberal de Direito (Bechara, 2014, p. 37).

Dentro desse modelo estatal, caberia ao direito penal "a função de proteção da sociedade por meio da prevenção de delitos, cuja essência constituía em um dano social" (Bechara, 2014, p. 38). Nesse sentido, o dano seria o objeto jurídico a ser evitado, sendo o elemento legitimador da incriminação.

Nesse viés, Diego Leal Nascimento (2021, p. 21) afirma que:

> O marco inicial para a introdução à teoria do bem jurídico remonta ao Iluminismo, momento em que se buscou, efetivamente, a secularização do Direito Penal, ou seja, a desvinculação entre o crime com a moral e/ ou religião, surgindo a partir daí um esboço para os estudos tendentes à procura de um conteúdo material para o delito.

É nesse mundo de palpitações de novos ideários que surgirá, no ano de 1764, o livro que mudará para sempre a história e o entendimento do direito penal. Dará início ao período liberal, inserindo o ser humano no centro, preocupando-se com a fundamentação do direito de punir e com a legitimação da pena, abrindo as portas para a cientificação do direito penal (Brandão, 2005, p. 31), em que a intenção era:

> Favorecer ou garantir os bens individuais diante do arbítrio judicial e da gravidade das penas, em base social. Desse modo, o delito inicia uma vida plena de fluxos e de refluxos na procura de um sentido material (Prado, 2019, p. 8).

O livro é *Dos delitos e das penas* (título original em italiano: *Dei delitti e delle pene*), escrito por Cesare Bonesana. Mais conhecido como Marquês de Beccaria, o autor nasceu em Milão; vindo de família nobre, estudou direito na Universidade de Pavia (Itália). Influenciado pelos ideários iluministas desenvolvidos na França, trouxe para o âmbito do direito penal os fundamentos dessa filosofia, entronizando o delito, dessa vez desvinculado das preocupações éticas religiosas, secularizando "sua razão de ser no contrato social violado e a pena sendo concebida somente como medida preventiva" (Prado, 2019, p. 7-8).

Partindo de uma visão contratualista, Beccaria foi influenciado pela obra de Rousseau *O contrato social*. Beccaria expõe as bases fundantes de seu pensamento, sendo eles: a legalidade dos crimes e das penas, a separação dos poderes e a utilidade do castigo.

Cláudio Brandão (2005, p. 31), com base nesses pilares, pontifica a gênese do princípio da legalidade e, recorrendo às palavras do próprio

Beccaria (2017, p. 66), sentencia: "somente as leis podem fixar as penas correspondentes aos delitos".

A par da grandiosidade do livro e de sua importância histórica, Beccaria não trata, de forma explícita, qual seria o conteúdo material do crime e qual o valor que a tipificação penal buscaria proteger.

Por sua vez, ante a inserção da filosofia contratualista e o afastamento da identificação do delito com a religiosidade, uma análise mais detida da sua obra encaminha para uma percepção de que "a única e verdadeira medida dos delitos é o dano causado à nação" (Beccaria, 2017, p. 75), sendo esse um ponto de partida para o que depois se chegaria a uma concepção de bem jurídico e o conteúdo material do delito, que, nesse momento, materialmente, ainda não se verificava.

Nesse sentido, ensina D'Avila (2009, p. 61) que esse dano, dado por Beccaria como representativo da medida do crime, se eleva como "marca do primado objetivista do ilícito penal no período Iluminista", em que:

> Não haveria legitimidade em criminalizar condutas que prejuízo algum causasse à comunidade. O dano como medida do crime assumia-se, assim, como elemento, central do fenômeno criminoso, mas também como elemento crítico de criminalização, preenchendo um importante papel da realização das aspirações ilustradas de contenção e validação do poder punitivo do Estado, através da imposição de vínculos objetivos de legitimidade. (D'Avila, 2009, p. 61).

E conclui afirmando que, como adiantamos, nesse momento histórico não seria possível falar em tutela de bens jurídicos em sentido estrito (D'Avila, 2009, p. 61), posto que ainda não existia a ideia concebida de proteção a bens jurídicos.

Mesmo que não se tenha verificado, de forma dogmática e formal, o nascimento do bem jurídico penal, cristalizou-se o dano como pedra fundamental, isto é, como medida do delito, e foi lançada a ideia de um elemento justificador e limitador do direito de punir estatal. E, assim, como se espera que toda semente plantada germine, nos anos seguintes as ideias lançadas por Beccaria iniciaram um novo sistema dogmático.

1.3 Feuerbach: a ideia de crime como lesão de direito

Beccaria estabeleceu a pedra fundamental para dar início a uma dogmatização do direito penal. Os primeiros raios de luz começaram a refletir sobre o campo de escuridão que até então encobria o direito penal.

Os ideais iluministas começaram a se materializar em escritos que ressoaram por todos os campos do conhecimento. Pós-Revolução Francesa as teorias expostas precisaram ser concretizadas. No campo das ciências jurídicas, leis passaram a recepcionar os pensamentos propugnados pelo liberalismo e contratualismo. A sistematização e a codificação deram-se início, a exemplo do código civil napoleônico. Mas ainda não existia uma legislação própria sobre o direito de punir do Estado.

Nesse cenário é que Paul Johann Anselmo Feuerbach recebe a incumbência de elaborar uma codificação das leis penais. E o faz, entregando, no ano de 1813, o Código Penal da Baviera, que viria a ser um marco inaugural no chamado período científico do direito penal, bem como um paradigma para a vindoura dogmática penal (Deodato, 2015, p. 37).

O código penal bávaro consistia no amadurecimento dos pensamentos iluministas, recepcionando, normativamente, as ideias propugnadas por Beccaria no livro *Dos delitos e das penas*.

A referida legislação serviu, e ainda serve, de espelho para a codificação penal de várias outras nações. Encontrava-se dividido em: parte geral, onde fixava os princípios e as ideias centrais que disciplinam o crime e a pena; e a parte especial, que descreve a tipificação legal dos crimes em si (Deodato, 2015, p. 39).

Apesar da influência de Beccaria na elaboração desse código, o seu autor, Feuerbach, não adota a ideia de dano social, utilizada pelo Marquês, para dar referencial material ao delito. Ao invés, sob os auspícios da visão liberalista, passa a conceber o delito como uma lesão ao direito subjetivo.

Ensina-nos D'Avila (2009, p. 62) que foi com Feuerbach a primeira grande tentativa de conseguir um conceito material de delito, partindo da premissa de que a pena é um mal sensível imposto por lei ante uma ameaça à violação de direitos alheios, em que a conservação, manutenção desses "direitos alheios" é o que busca o Estado com a criminalização das condutas passíveis de mácula.

Tal tentativa é extraída quando da elaboração de sua doutrina, Anselmo des peinlichen, de 1801, antes mesmo da elaboração do código.

Observa-se uma transmutação, uma mudança de eixo da concepção coletivista de Beccaria, com sua danosidade social, para uma ótica privatista de Feuerbach, em que a concepção material do delito passa a ser a lesão a direitos subjetivos, isso em razão da concepção liberalista do autor, pois, para o referido penalista,

> o delito como violação de direito subjetivo significava, ao invés de uma lesão de dever para com o Estado, uma lesão ao direito individual do ofendido, de não poder exercer sua própria liberdade em face da ação de outrem, quer dizer, então, que o delito pressupunha, antes de tudo, um estado de igualdade de direitos de liberdade entre autor e vítima, igualdade esta que se via quebrada com a execução desse delito (Tavares, 2019, p. 200).

Feuerbach revela-se também influenciado pela teoria do filósofo Immanuel Kant no que se refere aos fins do Estado, posto que, ao extrair da essência do delito o pecado e a violação moral, toma como parâmetro o contrato social, incumbindo ao Estado o dever de, despido do sobrenatural, proteção dos indivíduos que estão sob a sua égide, visando guarnecer os seus direitos – de ir e vir, propriedade etc. –, evitando a violação por outros membros da sociedade.

Para Kant a lei penal se constitui como um imperativo categórico baseado em um ideal de liberdade e moralidade, em que o agir do homem livre deve ser uma máxima reitora de sua conduta que também possa ter validade como uma lei universal (KANT, 2017, p. 135). Nessa perspectiva, o exercício da liberdade de um ser racional não pode contradizer a liberdade de nenhum outro. Cumprindo uma função de critério ético, "por meio do qual se determina a conformidade da conduta humana em relação aos mandamentos morais da razão" (Bechara, 2014, p. 90-91).

Para Kant, a pena possui um caráter retributivo, sendo um fim em si mesma, uma vez que é uma punição aplicada ao criminoso pelo cometimento da infração penal, realizando, assim, a ideia de justiça (Reale Jr., 2006, p. 47), justificando a atuação estatal na proteção dos direitos subjetivos.

Com esse pálio teórico é que Feuerbach dá início a uma sistematização ao conteúdo material do delito, com bases racionais e reconhecimento social, a fim de desvincular o crime de uma mera violação de dever, concepções moralistas ou religiosas.

No pensamento de Feuerbach, citado por Diego Leal Nascimento (2021, p. 25), quem lesiona a liberdade garantida pelo contrato social, e assegurada mediante leis penais, comete um crime. Portanto, crime é, no seu mais amplo sentido, uma injúria contida em uma lei penal, ou uma ação ao direito do outro, cominada em uma lei penal.

A par dessa concepção de delito observa-se que Feuerbach insere um princípio material, que é a preservação da liberdade individual, constituindo ele, em verdade, um dispositivo limitador da incriminação e da vontade estatal quando da construção dos tipos penais, uma vez que o "Estado não poderia transformar em crime qualquer conduta que lhe aprouvesse, mas apenas as que implicasse em uma violação de direito subjetivo" (Tavares, 2019, p. 201), sendo o crime, dessa forma, "uma violação às liberdades dos cidadãos e não mais caprichos do Estado" (Nascimento, 2021, p. 26), desvinculando o delito dos propósitos políticos estatais.

Mas essa construção material de delito como violação de direitos subjetivos não era completa, padecia de limitações, em especial no que diz respeito às definições das ações passíveis de punição (Bozza, 2015, p. 111) referentes às infrações que infringiam diretamente o respeito ao Estado.

Como exposto, o crime, para Feuerbach, era visto como lesão ao direito subjetivo de outra pessoa. Esse modelo ajudou a interpretar melhor os crimes contra a pessoa, visto que esses delitos se voltam contra os direitos subjetivos da pessoa, a exemplo da vida, da integridade física e corporal, do patrimônio etc. (Jakobs, 2021, p. 27). Porém, restou desfalecida uma legitimação para a punição dos crimes contra a coletividade e o Estado.

No que se refere ao Estado como vítima, onde não existiam ações que efetivamente violassem direitos subjetivos, o autor denominou de delitos de polícia, os quais se caracterizam como lesão aos direitos condicionados e necessários do Estado. Ensina Jakobs (2021, p. 31) que Feuerbach enxergava o ente estatal como uma pessoa jurídica e, para que ocorresse um crime contra os direitos do Estado, seria necessária, também, uma ofensa de forma mediata a direitos subjetivos de indivíduos, sendo essa uma condição para a sua ocorrência.

Mas, quando desloca a vítima para a coletividade, sem sujeito determinado, a concepção de Feuerbach perde sentido, haja vista a difícil concretização de lesões que não se materializa em violação direta, ou mesmo mediata, a um direito subjetivo individual. Como exemplo, podemos citar a questão dos crimes contra o meio ambiente.

Assim vaticina Jakobs (2021, p. 32) que "a este interesse social primário Feuerbach não fez justiça, porque dificilmente conseguiria convertê-lo na proteção de direitos individuais ou do Estado".

Tais limitações eram fruto da ideologia individualista/privatista que influenciava o penalista da época, pois o direito penal era desvinculado da proteção à moral e à religião; restava a defesa dos direitos dos cidadãos para que pudessem exercer de forma confiável as suas liberdades públicas que começavam a florir pós-Revolução Francesa.

Mas, diante dessa dicotomia, e sem sucesso na explicação da existência de dois sistemas de punição, em um vigorava necessidade de afetação de direito subjetivo para a materialização do crime (poder penal) e, de outro lado, permitia-se a inclusão de ações imorais sem afetação concreta de direitos subjetivos (infrações de polícia) foi que, gerando uma insegurança jurídica, a ideia de Feuerbach começou a perder sua força delimitadora, deixando um flanco aberto para que penetrasse um novo paradigma de conceituação do que seria o objeto material de proteção do injusto penal.

A par de tais críticas, é indispensável registrar que a concepção de Feuerbach representou um importante avanço para o desenvolvimento do direito penal, posto que, ao selecionar como conteúdo material do delito a lesão a direito subjetivo, criou um entrave à discricionariedade legislativa na criação dos tipos penais, bem como, por outro lado, passou a proteger as liberdades individuais do cidadão, o que iniciou uma capacidade limitadora da intervenção estatal no campo penal.

1.4 A gêneses do bem jurídico penal pelas ideias de Birnbaum

Passados alguns anos da consolidação da tese de violação de direitos subjetivos como fundamento material do delito formulado por Feuerbach, a sociedade na qual estava inserida e para a qual fora desenvolvida tal referencial teórico estava a passar por novas mudanças.

A classe burguesa, que outrora era revolucionária, após ascender e se firmar no poder, passa a ter uma postura conservadora objetivando a confirmação de seus valores e a sua perpetuação em um *status* elevado na pirâmide social. Um novo contexto sociopolítico somado com transformações econômicas advindas do nascimento de uma nova concepção de Estado formulado pelo capitalismo que aflorava com o liberalismo econômico advindo da Revolução Industrial.

Diante desse novo cenário, as ideias iluministas e o racionalismo propugnado por Feuerbach não tinham mais espaço. Novas ideologias surgiram e a Igreja voltou a ter seu campo de influência nessa sociedade, logo valores morais e religiosos, bem como interesses do Estado, deviam ser objetos de proteção por parte do direito penal e, como visto, a formulação material de crime até então vigente "representava uma generalização abstrata excessiva, onde o novo contexto sociopolítico exigia a intervenção mais intensa do Estado na esfera penal, para além do âmbito restrito dos direitos subjetivos" (Bechara, 2014, p. 93).

O crime como lesão de direito subjetivo não tinha mais espaço, sendo uma barreira à construção de novos tipos penais para a criminalização de condutas lesivas à religião, aos costumes e contra o Estado. Logo esse "empecilho" deveria ser afastado para o surgimento de uma nova sistemática penal que viabilizasse os interesses do contexto social que surgia. Diante disso, escreve Bozza (2015, p. 112), fez-se necessário que:

> Um grupo de juristas, orientado pela nova realidade política conservadora, criticasse a tese de Feuerbach no sentido de que havia uma repudiável tendência à abstração e generalização, vez que a existência de lesão a um direito como elemento do crime era válida somente para alguns tipos de crime.

Nessa nova bruma político-ideológica, o racionalismo kantiano no campo penal perde espaço, ganhando relevância a influência do pensamento de George Wihelm Friedrich Hegel e sua visão sobre o delito, o qual "caracterizava-se como violência exercida pelo indivíduo livre que atinge a existência da liberdade no seu sentido concreto, lesando o direito como tal" (Bechara, 2014, p. 94).

Assim, para Hegel, a necessidade do direito reside no fato de obter, com a intervenção penal, uma supressão da violência do ato criminoso, restaurando-se a vontade geral, materializada no próprio direito posto e protegido na norma penal.

A par desse contexto histórico coube a Johann Michael Franz Birnbaum (1792-1877) refutar a concepção de Feuerbach de lesão ao direito e introduzir a teoria do crime como ofensa a bens.

Primeiramente, valendo-nos dos lembretes de Jakobs (2021, p. 33) e Nascimento (2021, p. 28), é preciso registrar que Birnbaum, originalmente, não faz uso da expressão bem jurídico, mas utiliza-se de um pluralismo de outras que servem de sinônimo para essa ideia.

É no ano de 1834 que Birnbaum expõe o seu pensamento sobre a essência do delito como ofensa a bens e não a direitos, quando da publicação dos seus estudos sobre a tutela da honra.

Em sua teoria, Birnbaum entendia que, para considerar um delito como ofensa, essa concepção tem que se referir à ofensa de um bem, e não contra um direito, em que tais bens devem pertencer a determinadas pessoas ou à coletividade, e esta é configurada por "uma soma das representações morais e religiosas, que sempre poderá ser vista como um bem comum do povo colocado sob uma garantia geral" (Jakobs, 2021, p. 33).

Para Birnbaum, o crime consistia em uma ofensa, atribuível à vontade humana, de um bem, sendo este um valor reconhecido pela sociedade e posto como objeto de proteção da norma penal incriminadora (D'Avila, 2009, p. 64). Com essa formulação, Birnbaum busca abranger um conjunto de valores capazes de dar sustentação à punibilidade dos comportamentos ofensivos a tais bens protegidos (Bechara, 2014, p. 95).

Com essa teoria do bem, Birnbaum foca a natureza das coisas, em que o crime deve ser tratado com base na sua própria natureza, sob um prisma empírico-naturalista no qual a ofensa estaria direcionada para algo concreto, o bem, passível de ofensa, e não contra um direito, de conteúdo abstrato que não é capaz de ser lesionado ou diminuída após a conduta criminosa (Nascimento, 2021, p. 29).

Nesse sentido, aduz Bechara (2014, p. 95) que Birnbaum afirma em seu trabalho que:

> Para além do conceito jurídico positivo do delito, este tenha que possuir um conceito natural. Assim, o conteúdo do delito corresponde àquele que, conforme a natureza do direito penal, possa ser valorado como punível pela sociedade e resumido em um conceito geral. Se se pretender tratar o delito como lesão, referido conceito deve então ser extraído naturalmente de um bem, e não de um direito. Os bens garantidos a todos pelo Estado seriam, dessa forma, dados aos seres humanos em parte pela própria natureza e em parte pelo produto de seu desenvolvimento social.

A exemplificar a ideia propugnada por seu autor, vejamos o exemplo: uma vez ocorrida a agressão contra uma pessoa determinada, esta teve o seu bem jurídico protegido (integridade física) violado, diminuído, ocorrendo assim o crime de lesão corporal. Por outro lado, o seu direito à integridade física permanece, não sendo diminuído com a agressão, restando inalterado.

É nesse sentido que Birnbaum doutrina que o delito se trata de uma ofensa, logo o essencial é concatenar essa concepção com a sua natureza, posto que o que se lesiona com o delito não é o direito subjetivo, que se queda incólume, mas sim um bem concreto, sobre o que deveria se basear a concepção do delito, e desta maneira é que deve ser definido o delito como a ofensa a um bem garantido de forma igualitária pelo poder estatal (Ulloa, 2014, p. 106).

Desenvolvendo tal teoria do bem, Birnbaum refuta a tese de lesão de direito subjetivo como elemento definidor do crime por entender ser ela equivocada e não concreta o suficiente, uma vez que, como dito, o que é lesionado com o crime é o bem concreto e não o direito. Por outro lado, dentro dessa conceituação traz outra importante construção que é, como já observamos, a reinserção, dentro da redoma de proteção do direito penal, dos valores morais e religiosos, em contraposição a sua exclusão pela teoria de Feuerbach, passando a sua admissão como bens que suplantam o pertencimento individual, sendo entendidos como bens coletivos, ou comum do povo (*gemeingut*).

Assim fazendo, o pai do bem penalmente protegido procede a uma distinção entre delitos contra bens individuas daqueles contra bens coletivos, inserindo os delitos religiosos e contra a moral nesta última seara de delitos. Tal proceder não passou despercebido pelos estudiosos, que passaram a fazer críticas por entender que essa introdução acabava por viabilizar uma aplicação indevida da tutela penal, antes inexistente, segundo o enfoque da doutrina da lesão de direitos subjetivos de Feuerbach (Bechara, 2014, p. 97).

No entender de Tavares (2019, p. 202), Birnbaum, quando da elaboração da teoria do bem, tinha, em verdade, o intuito de adequá-la ao sistema punitivo que vigorava ante o conflito existente da ideia da violação de direitos subjetivos e os delitos contra o bem comum. Então, para cessar tal conflito de premissas é que, nas palavras de Tavares (2019, p. 202), Birnbaum expõe:

> A introdução do conceito de violação de bem jurídico, em substituição ao conceito de violação de direito subjetivo, como fundamento do delito, desde que se pudesse reconhecer que, igualmente, interesses comunitários ou religiosos fossem contemplados como espécie de bens jurídicos.

As críticas à teoria do bem jurídico foram muitas, em especial no sentido de apontarem um afrouxamento da ideia do conceito material de delito, deixando este de ser um obstáculo à ação punitivista estatal, posto que, com a tese de Feuerbach, existia uma limitação de criação de delitos, em especial os religiosos, contra os costumes e os coletivos, que não atingiam um direito subjetivo.

Com esse novo referencial, permite-se salvaguardar a legitimidade dos crimes que não possuem um direito subjetivo diretamente violado, mas desde que tenha descrito no tipo penal um bem identificado como objeto da tutela penal.

Daí advêm contundentes censuras sobre tal construção teórica de Birnbaum, pois, ainda que se ganhasse em clareza, quanto à incriminação das respectivas condutas, se perdia a vinculação dessa incriminação aos seus pressupostos de legitimidade que se encontravam presentes nas ideias do seu predecessor (Tavarez, 2019, p. 202).

Entende Bozza (2015, p. 114) que, dessa forma, o conceito de bem jurídico jamais pode ser entendido como limitador do poder penal, pois tudo caberia dele. Corroborando com tal entendimento, Bechara (2014, p. 97) entendo que:

> O conteúdo vago de bem exposto por Birnbaum revela ser sua teoria mais uma estratégia pragmática do que um verdadeiro conceito jurídico, com o fim de ampliar tanto o objeto das normas que dificilmente se lograria a missão de delimitação da intervenção penal.

Nesse mesmo sentido, vaticina ainda Tavares (2019, p. 202) que o "conceito de bem jurídico só pode servir a uma autêntica teoria democrática do injusto se corresponder aos seus fins limitativos e não aos propósitos punitivos".

Embora se reconheçam falhas ou imprecisões na teoria de Birnbaum, não podemos deixar de reconhecer o seu caráter revolucionário do modo como se pensava o delito, sendo a sua concepção, de forma inegável, a gênese da teoria do bem jurídico que ainda teria muito a se desenvolver.

Foi a partir de tal modelo consubstanciado na natureza das coisas que se concretizou uma formulação imprescindível à teoria do delito, em que os objetos importantes para a vida do ser humano passaram a ter uma posição concreta na dogmática penal.

1.5 Binding e Liszt – positivismo na definição do bem jurídico

Sedimentada a teoria do bem como elemento material do delito baseado nos referenciais teóricos desenvolvidos por Birnbaum, restava agora, a par das críticas lançadas ante uma possível ampliação do leque punitivo estatal, preencher de conteúdo o conceito de bem jurídico para que pudesse exercer a sua função limitadora do *jus puniendi*.

O que poderia ser ou não considerado como bem jurídico a ser protegido pelo direito penal e legislados como crime, essa era a questão a ser debatida dentro do novo contexto jus-filosófico que se erguia. Eram os tempos do positivismo.

Passada a segunda metade do século XIX, a corrente filosófica defendida por Augusto Comte (1798-1857) passa a ganhar força. Com o desenvolvimento das ciências da natureza, o conhecimento científico é valorizado, sendo este considerado como a única forma de conhecimento verdadeiro. O racionalismo é substituído pelo positivismo, o método de pesquisa empírica prevalece sobre o dedutivo, entendendo-se que, para ser qualificado como conhecimento, é necessária uma comprovação científica, não sendo mais válida uma mera reflexão sobre o fato.

No campo político temos a influência de tal pensamento na busca de um fortalecimento por parte dos Estados, doutrinando que o poder público é um direito, sendo uma realidade inquestionável.

Tal ideia das ciências naturais é transportada para as ciências sociais, a exemplo do direito, onde ganha relevância a separação do ser e dever-ser, conceituando-se o direito como o conjunto de normas positivadas, não levando em consideração se tais normas possuem um conteúdo moral pelo qual possam ser avaliadas como corretas ou incorretas (Tavares, 2019, p. 36).

Dentro desse contexto histórico surgem, na seara do direito penal, duas correntes positivistas que se propõem a estudar o conteúdo do bem jurídico penal. Possuindo direções metodológicas diversas, mas que, ao cabo, convergirão em um mesmo sentido, reconhecendo a importância jurídica do legislador (Prado, 2019, p. 10) na fixação do que seria o conteúdo material de proteção da norma penal, sendo elas: o jusracionalismo e o positivismo naturalista.

Karl Binding (1841-1920), na obra intitulada em alemão *Die Normen und ihre Übertretung*, citado por D'Avila (2009, p. 66), define bem jurídico como tudo aquilo que, aos olhos do legislador, é valorado como condição de vida saudável da comunidade jurídica, em cuja conservação inalterável e imperturbável a comunidade tem interesse, e que, por isso, através de uma norma, busca evitar uma indesejada lesão ou pôr em perigo.

Trata-se da visão formal do conceito de bem jurídico caracterizando a vertente jusracionalista positivista, em que a norma é elevada a um patamar de destaque, uma autoridade suprema, sendo o bem jurídico vinculado à própria norma e se identificando com o sentido e o fim dela (Prado, 2019, p. 11).

Nessa concepção, o legislador é quem decidirá o que são bens, a partir de uma compreensão do direito direcionada pela sociedade, sendo os bens jurídicos entendidos como valores ou condições para que se tenha uma vida juridicamente saudável.

É a norma penal que revela o bem jurídico, sendo aquela uma materialização do interesse estatal, uma vez que, *a priori*, o bem jurídico denota uma ideia de caráter individual, mas, no fim, ele é bem jurídico da comunidade (Jakobs, 2021, p. 35).

Nesse sentido é que D'Avila (2009, p. 66) ensina que:

> Binding em acentuado positivismo supervaloriza o processo legislativo na formulação do bem jurídico, restringindo-o a uma relação de total e inquestionável conformidade com a norma. O bem jurídico, limitado unicamente à lógica e às considerações próprias do direito, encontra na norma o seu referencial de validade, o seu próprio fundamento, suprimindo desta relação qualquer possível foco de tensão.

O delito, para Binding, se constitui como uma infração ao dever de obediência do cidadão perante o Estado como titular de um direito subjetivo público, que consiste em ter o poder de exigir a obediência (Bechara, 2014, p. 100). O próprio direito é a essência do bem jurídico, sendo o legislador o ente encarregado de valorar o bem que será suscetível de proteção penal, identificando aqueles dotados de relevância jurídica.

Assim, a crítica ao pensamento de Binding é justamente esse excesso normativista, em que persiste a prevalência do sentido cole-tivista do bem jurídico. Ao pensar dessa maneira, Binding acaba por presentar o Estado com uma arbitrariedade e aleatoriedade descomunal quando da criação de tipos incriminadores por meio de seu poder legiferante, incapacitando o bem jurídico de exercer seu papel de limi-tador do poder punitivo estatal.

Fugindo desse tratamento formalista dada à norma penal e, na tentativa de retomar o caráter limitador do direito penal a fim de frear a criação de leis penais de forma aleatória, é que surge a dimensão material do conceito de bem jurídico dentro do contexto do positivismo.

Responsável por tal tarefa foi o penalista alemão Franz von Liszt (1851-1919). Ideólogo do sistema causalista e escritor do primeiro manual de direito penal da história.

Liszt era um positivista, pois tinha a lei como mastro orientador de sua doutrina, mas entendia que, conforme as ciências da natureza, o direito penal deveria ser pensado como algo que expressasse a ordem natural, ou física, das coisas, constituído por realidades que pudessem ser medidas e comparadas de forma empírica (Deodato, 2015, p. 45), razão pela qual seu sistema é conhecido por positivismo realista.

Dentro dessa visão, Liszt desenvolveu o seu sistema causalista na intenção de elevar o direito penal ao patamar de uma verdadeira ciência, assim como ocorria com as demais ciências da natureza, que estavam em pleno vapor de desenvolvimento. Razão pela qual deu ao direito penal contornos de uma ciência da natureza, desenvolvendo os conceitos e dogmas a partir do quanto fosse perceptível por meio de experiências cotidianas do mundo.

Liszt desenvolveu uma doutrina, lançando as bases da dogmática penal, bem como procedeu a diversos desenvolvimentos assaz importantes para o direito penal, como a classificação dos delitos, em formal e material, e na definição dos requisitos do tipo compostos pelo fato típico e culpável.

Com esse viés naturalista, ou também denominado de sociológico, Liszt inverte o pensamento do positivismo jurídico de Binding, mudando o referencial, antecedente causal, de fundamentação do bem jurídico. Antes sendo a vontade do Estado materializada na lei como sendo o bem jurídico e, agora, a condição de vida passa ser a fonte do bem jurídico penalmente protegido (Tavarez, 2019, p. 205), posto que é a vida, e não o direito, que produz o interesse, e por meio da lei é que se converte esse interesse social em bem jurídico.

Liszt tenta estabelecer um novo objetivo para o direito penal, tentando fundamentá-lo socialmente, procede uma investigação de vertente naturalista do comportamento delitivo sendo este um fenômeno ético-social, e nesse viés social é que buscará o fundamento do bem jurídico, em que é a realidade social, e não o legislador, que identifica os valores/objetos merecedores de proteção (Bechara, 2014, p. 102).

Nesse sentido, ensina Jakobs (2021, p. 36) ao afirmar que, para Liszt, "todo direito se dá no interesse do homem e visa à proteção do interesse da vida humana". Conclui que:

> Liszt denomina os interesses juridicamente protegidos dos indivíduos ou da comunidade como bens jurídicos. De acordo com ele, estes são criados não por meio da ordem jurídica, mas o direito é que deve transformar um interesse vital já existente no mundo em um bem jurídico. (Jakobs, 2021, p. 36).

Nesse mesmo sentido, Tavares (2019, p. 204) nos lembra de que, para o penalista alemão naturalista, o interesse social é uma expressão da vontade geral, sendo ela a fonte em que a norma retirará o fundamento do seu conteúdo, transformando esse interesse em bem jurídico penalmente protegido.

Outro não é o pensamento de Prado (2019, p. 13) ao escrever que, para Liszt:

> A norma não cria o bem jurídico, mas sim a encontra. Daí o seu aspecto restritivo. Isso porque o fim do direito não é outro que o de proteger os interesses do homem, e estes preexistem à intervenção normativa, não podem ser, de modo algum, criação ou elaboração jurídica, mas se impõe a ela. Com efeito, o ordenamento jurídico não cria o interesse, cria-o a vida, mas a proteção do direito eleva o interesse vital a bem jurídico.

O pensamento de Liszt encontra-se materializado na sua grande obra *Tratado de Direito Penal alemão*, com primeira edição datada de 1881, um grande marco para as ciências penais, sendo o primeiro manual e seguindo a linha adotada até os dias hodiernos na divisão do estudo do crime: parte geral, onde contém as regras gerais sobre o entendimento do crime e da pena; e parte especial que descreve os crimes em si.

Em tal obra, Liszt (2006, p. 96) afirma que "o bem jurídico e a norma são, pois, as duas ideias fundamentais do direito". Fundamenta o fim do direito penal como a proteção de interesses vinculando a existência do direito à proteção dos interesses da vida humana, para então conceituar, em suas próprias palavras, o bem jurídico como o interesse juridicamente protegido, em que:

> Os bens jurídicos são interesses humanos, ou do indivíduo ou da coletividade. É a vida, e não o direito, que produz o interesse; mas só a proteção jurídica converte o interesse em bem jurídico. (...) A necessidade origina a proteção, e, variando os interesses, variam também os

bens jurídicos quanto ao número e quanto ao gênero. (...) Os interesses, porém, surgem das relações dos indivíduos entre si, e dos indivíduos para com o Estado e a sociedade ou vice-versa (Liszt, 2006, p. 93-95).

Com tais ensinamentos, Liszt se propõe a sedimentar um conteúdo material ao conceito de delito, a fim de construir uma fronteira limite para o campo de intervenção penal do Estado, onde não seria a vontade deste o móvel catalizador de objetos merecedores de proteção por parte da norma penal, mas sim a realidade social sendo a fonte que deveria o poder legiferante buscar para fundamentar a criação dos tipos penais.

Mesmo com a grande importância da construção teórica desenvolvida por Liszt, esta não passou ilesa por críticas. Em especial porque, ainda que desvincule o bem jurídico da vontade estatal, o Estado, ao fim, no exercício de sua soberania de criação de delitos, é quem determinará qual o objeto constará como protegido pela norma. Caberá ao Estado fazer essa seleção.

Bechara (2014, p. 104) entende que Liszt não deixou clara a definição de quais interesses seriam merecedores de proteção, ou, ao menos, qual o critério deveria ser usado para identificar a necessidade de sua proteção.

Nesse mesmo sentido é a avaliação feita por Tavares (2019, p. 205) quando afirma que o autor não indica o motivo que levaria o legislador a escolher um determinado interesse e não de outro como bem jurídico. Bem como no pensamento de Winfried Hassemer, citado por Tavares (2019, p. 205), quando diz que Liszt aceita a existência do interesse sem qualquer tipo de valoração acerca de seu significado que torne legítima a atuação do Estado de elevar o respectivo interesse à categoria de bem jurídico.

A pretensão de Liszt de conceber o bem jurídico como um dogma limitador do legislador penal não passou de uma tentativa em vão, pois que, no final, acabou por deixar ao alvedrio do Estado dizer qual o interesse social seria merecedor de guarida pelo direito penal, confundindo-se assim com o próprio interesse estatal.

O positivismo, dessa forma, tanto em sua vertente jurídica, com Binding, como naturalista, com Liszt, distinguiram-se em seus fundamentos de conceituação de bem jurídico, mas acabaram por legitimar o poder punitivo estatal, pois, ao final, quem determinará o que será ou não protegido pela norma penal é a vontade estatal, esvaziando do bem jurídico a sua capacidade limitadora do poder legiferante penal.

1.6 Finalismo e a inserção de um valor na teoria do bem jurídico

Com a construção do causalismo, os ensinamentos de Liszt perduraram por várias décadas, reluzindo sobre as produções acadêmicas bem como na elaboração das legislações e codificações penais da segunda metade do século XIX e início do XX.

Porém, o positivismo, naturalista e sociológico, estava em declínio, assim como, com o surgimento das ideias relativistas, as ciências sociais não poderiam ser mais concebidas sob a mesma metodologia das ciências da natureza, aquelas deveriam ter métodos próprios para a gênese dos seus conhecimentos, em especial no campo jurídico.

É nesse contexto que Hans Welzel (1904-1977), já na década de 1930, inicia seus estudos, lançando as bases de sua doutrina finalista na tentativa de superação da teoria causalista, mas que ficaria incubada até o término da Segunda Grande Guerra.

Antes do finalismo se tornar o farol ideológico que guiaria as ideias penais futuras, duas visões penais ganharam relevância e foram importantes para a maturação da doutrina de Welzel e para a sua concepção sobre bem jurídico, sendo elas: o neokantismo e a doutrina penal nazista.

O neokantismo surge como oposição ao positivismo criticando o uso de métodos próprios das ciências da natureza para o campo jurídico, exagerando o normativismo, que esvazia de qualquer tipo de valor o bem jurídico.

Nesse pensamento, o direito deve ser interpretado partindo-se da noção de um valor, valor esse retirado do conteúdo de uma norma ou de um conceito jurídico. Nesse cenário, propõe-se uma mudança de paradigma na compreensão do sentido de bem jurídico, deixando de ser um interesse juridicamente protegido para ganhar uma roupagem de um valor, no sentido cultural, não mais individual, sendo concebido a partir dos imperativos e proibições da norma (Tavares, 2019, p. 206).

Com isso, para o neokantismo o bem jurídico vem a ser um valor cultural, de conteúdo abstrato, em que tal valor seria um ideal da ordem social a ser extraído de cada tipo penal, convertendo-o em um método interpretativo (Prado, 2019, p. 15). Tal metodologia valorativa tinha a intenção de afastar a concepção naturalista do bem e dar-lhe uma roupagem mais ética, a fim de valer as suas funções de crítica e de restrição ao poder de legislar na criação de tipos penais.

Porém, como ensina Bechara (2014, p. 107), o que se verificou, na prática, foi uma fórmula vazia, em que se constituiu uma construção interpretativa de tipos penais, "deixando de explicar o núcleo material do injusto de cada delito e evitando, assim, questionamentos sobre a legitimidade da norma".

Em seguida ao pensamento neokantiano o que se observou foi o abandono do conceito de bem jurídico com a ascensão ao poder do Partido Nacional-Socialista na Alemanha e a eclosão da Segunda Guerra Mundial, gerando, nesse período de 1933 até 1945, uma transformação no entendimento do conteúdo material do delito.

Durante essa triste parte da história do século XX, o direito penal foi desvirtuado, deixando de ser concebido como uma carta magna do delinquente, como definiu Liszt, para se tornar autoritário, uma verdadeira arma de cunho moralista para a proteção dos interesses do Nazismo e a sua manutenção no poder e desenvolvido para atender os caprichos e vontades do Führer.

Para isso, no campo teórico, a fim de dar sustentação ao abandono do conceito de bem jurídico, ante a nova ideologia política que se instaurava, legitimando a legislação penal, pensadores filiados com a doutrina nazista criaram um conceito de delito, sendo este concebido como uma violação de dever, dever esse de fidelidade com os interesses ideológicos do Partido Nazista e do Führer.

Então tudo cabia dentro do conceito de crime, podendo esse ser preenchido de acordo com o interesse do ditador, perecendo a ideia liberal e protetora do direito penal, passando a ser um instrumento de perseguição contra aqueles que desafiavam o regime imposto.

Relata Zaffaroni (2019, p. 148; p. 154) que nessa época duas escolas dominaram o pensamento na construção da doutrina penal nazista: a escola de Marburgo e a de Kiel, ambas de vertente filosófica neokantiana, porém não liberais, que tentavam se destacar no campo acadêmico e político, como aquela que iria conduzir o pensamento penal nazista.

Do lado da escola de Marburgo destacou-se Edmund Mezger. Na escola de Kiel os dois grandes expoentes foram Georg Dahm e Friedrich Schaffstein. Nessa batalhada doutrinária, as escolas divergiam, porém, em questões doutrinárias de pouca monta, uma vez que o objetivo era ser aquela que conduziria o projeto oficial de reforma do código penal do Reich.

No campo da conceituação do bem jurídico, a escola de Marburgo o concebeu como sendo uma violação do dever, interpretando como dever aos valores nazistas. Para a escola de Kiel, que enxergava o direito penal como necessário para reafirmar a autoridade do Estado por meio do direito penal, passou a atacar a noção de bem jurídico afirmando que a essência do delito se encontrava na violação do dever em lugar da ideia prévia de um bem jurídico (Zaffaroni, 2019, p. 168). Logo, ambas prescindiam do bem jurídico como conteúdo do crime, colocando em seu lugar a violação do dever, dever este com a comunidade e o são sentimento do povo alemão, preenchido de acordo com a vontade do *Führer*, objetivando, ao final, legitimar o direito penal aplicado pelo estado nazista.

Como não há mal que dure para sempre, o nazismo foi derrotado, sendo reveladas e levadas a conhecimento público todas as atrocidades por ele cometidas. Questionava-se como o sistema jurídico poderia ter concebido e dado sustentação legal e judicial a tamanha brutalidade contra a humanidade.

Seguia-se então um período em que era preciso ocorrer uma reconciliação entre o direito e a sociedade. Aquele deveria ser um sistema feito para proteger o cidadão das atuações arbitrárias do Estado, e não legitimar o autoritarismo estatal. Era preciso revisitar e restaurar os ideais humanistas bem como inserir uma dose de valor e de sentido ético nos conceitos e dogmas penais, esvaziados durante o período nazista.

Nesse ponto da história é que a doutrina de Hans Welzel ganha notoriedade. Baseado nas ideias neokantianas e determinado a superar o causalismo dogmático de Liszt, Welzel parte para a reconstrução do sistema penal a partir de uma visão ontológica que, segundo explica Tavares (2019, p. 207), o bem jurídico conserva seu sentido de objeto de proteção da norma, mas se vê substituído, em grau de preferência, por valores ético-sociais, em que tais valores serão orientadores da conduta.

Define o bem jurídico como um bem vital da comunidade ou do indivíduo, que por sua significação social merece ser protegido juridicamente. Não sendo considerado em si mesmo, o bem jurídico deve ser socializado, inserido em uma conexão com toda a ordem social.

Para isso Welzel sustenta que a missão do direito penal é a proteção de bens jurídicos mediante a proteção dos valores ético-sociais da ação. Ou seja, o imediato no direito penal é a proteção desses valores, que, se forem observados na conduta, não lesionarão os bens jurídicos, protegidos pelo direito penal de forma secundária, ou mediata. Pois, segundo o próprio autor:

A missão do direito penal não é a proteção atual de bens jurídicos, isto é, a proteção de pessoa individual, de sua propriedade, etc. Pois, quando entra efetivamente em ação, em geral já demasiadamente tarde. Mais essencial que a proteção de determinados bens jurídicos concretos é a missão de assegurar a real vigência dos valores da consciência jurídica. (...) A mera proteção de bens jurídicos tem só fim preventivo, de caráter policial e negativo. Pelo contrário, a missão mais profunda do direito penal é de natureza ético-social e de caráter positivo. (*apud* Nascimento, 2021, p. 45).

Nesse sentido, o que realmente objetiva o direito penal, na visão de Welzel, é que o cidadão fortaleça a sua consciência de permanecer fiel a tais valores ético-sociais e à estrutura jurídica da sociedade, para que não venha incidir em um tipo penal. O direito penal passa a ter, assim, um conteúdo moralizante (Bozza, 2015, p. 130).

Dá-se assim um destaque para a ação, incrementando-a de um sentido e direcionada para uma atividade, resultado fim, dotada de uma significação de acordo com a vontade do sujeito ativo. Essa proeminência da ação, impregnada de um conteúdo valorativo e direcionada para a consecução de um fim, identificado com o objeto de proteção da norma, Welzel reformula a teoria do crime, avança na dogmática do causalismo, fruto das ideias positivista-naturalista de Liszt, em que a ação era fruto de uma atividade mecânica, passando a conceituar a ação como uma atividade voltada para uma atividade final, retirando o dolo da culpabilidade e inserindo-o na tipicidade, passando a ser composta pelo tipo objetivo (a ação, verbo nuclear) e o subjetivo (dolo ou culpa) (Deodato, 2015, p. 53).

Essa nova visão da ação conceituada por Welzel ficou conhecida, doutrinariamente, como sistema finalista. O autor queria com isso dar uma responsabilidade maior à conduta do agente que comete o crime, pois ele deveria atuar em observância aos valores ético-sociais positivados nas normas penais, sendo a função do direito penal a garantia do respeito a tais valores.

Críticas foram desenvolvidas contra essa abordagem de bem jurídico dada por Welzel, muitas delas no mesmo sentido das já direcionadas aos ensinamentos dos antecessores é justamente a falta de clareza do que seriam esses valores ético-sociais, carregados de subjetivismo, perdendo a sua sustentabilidade, e, na concepção de Tavares (2019, p. 210), a proteção jurídica se confundiria com uma proteção moral, se caracterizando como uma incriminação da antissociabilidade, podendo servir a qualquer programa político-ideológico.

A par de tais considerações é importante enaltecer a importância de Welzel para o resgate dos valores do direito penal no pós-Guerra. Ele conseguiu dar, novamente, um referencial teórico forte ao conceito de bem jurídico, servindo de guia para que ocorresse a construção e o desenvolvimento de um novo olhar crítico ao direito penal, capaz de restabelecer o seu caráter humano e proporcionar a segurança devida para os cidadãos que vivem sob o manto de um Estado de Direito.

CAPÍTULO 2

O BEM JURÍDICO PROPRIAMENTE DITO

2.1 O que vem a ser o bem jurídico

Percorrida a estrada da gênese do bem jurídico, tão necessária para a construção do sistema, cabe agora entendermos a sua conceituação realizada pela doutrina, após toda essa evolução histórica relatada.

Tal proceder não é de fácil explanação, posto que há conceituações divergentes na doutrina, nacional e estrangeira, do que viria a ser bem jurídico, bem como de que conteúdo seria preenchido esse conceito, pois, como bem ensina Deodato (2012, p. 208), o bem jurídico é um daqueles institutos de caráter teórico que se caracteriza como um dogma polivalente, sendo dinâmico e só alcançando a plenitude de sua intenção normativa se for compreendida a versatilidade de sua expressão.

Porém, se há um ponto comum de entendimento, ele se encontra no fato de que, de forma uníssona, se propugna que, materialmente, crime é uma ofensa ou exposição a perigo do bem jurídico, sendo a missão do direito penal a sua tutela. Logo, precisamos analisar em que consiste e qual o conteúdo desse objeto que deve o direito penal proteger.

Welzel considera o bem jurídico como um bem vital da comunidade ou do indivíduo, que por sua significação social é protegido juridicamente.

A par da conceituação do pai do finalismo, na tentativa de determinar o que seria o bem jurídico, várias expressões são corriqueiramente utilizadas para definir bem jurídico, porém duas delas se destacam como mais utilizadas na busca de uma definição do bem jurídico e que demandam maiores debates no campo doutrinário, sendo elas: valor e interesse.

Assim, encontramos autores que defendem que o bem jurídico seria um valor. De outra mão, doutrinadores conceituam bem jurídico como um interesse.

Rand (2022, p. 35) entende que valor é aquilo que alguém age para obter e/ou manter. O direito penal como protetor do bem jurídico é necessário, nesse ponto de vista, para manter a integridade do bem/valor protegido. A exemplo da vida, dignidade sexual, patrimônio etc., que se configuram como valores necessários para a manutenção da vida em sociedade, devendo assim serem respeitados e protegidos pelo direito penal.

Brandão (2003, p. 6) escreve que "em todas as condutas incriminadas há um valor tutelado e que esse valor cumpre a função de resguardar as condições de convivência em sociedade de um determinado grupo humano", sendo esse valor imprescindível para a existência da sociedade. Tal valor, para o referido autor, é o bem jurídico penal.

Tavares (2019, p. 213) parte da mesma concepção, entendendo o bem jurídico como um valor, em que o bem é alçado a essa condição quando passa a ser entendido como finalidade do sujeito inserido dentro do seu contexto social, afirmando que:

> bem jurídico é um elemento da própria condição do sujeito e de sua projeção social e nesse sentido pode ser entendido como um dado da pessoa. (...) Ao ser incorporado à norma, o bem jurídico o faz na condição de um valor e, portanto, de um objeto de preferência real e não simplesmente ideal ou funcional do sujeito.

Nessa senda, entende o referido autor que o bem jurídico não é um valor abstratamente considerado, ao contrário, é um valor que deve ser concretizado dentro da realidade social em que se insere.

Concatena o pensamento de Tavares com o que aduz Deodato (2009, p. 211) quando ensina que o bem jurídico é "a expressão de uma relação dialética entre a realidade e o valor". A realidade do sujeito e sua relação valorativa com o bem, desaguando no pensamento de Armin Kaufmann (*apud* Deodato, 2009, p. 211), ao afirmar que:

> aos bens jurídicos pertence aquilo que, embora por si não constitua um direito, aos olhos do legislador se reveste de certo valor. Tal qual um pressuposto de uma vida sadia da comunidade jurídica, por cuja preservação e funcionamento imperturbado manifesta-se um certo interesse. Uma proteção que só ocorre com vistas ao valor social, que assume para toda a vida da comunidade.

No mesmo sentido leciona Prado (2006, p. 22), para quem o bem jurídico encontra seu fundamento no valor cultural como resultado da soma das necessidades individuais, que se transformam em coletivas quando são socialmente dominantes, elevando-se à categoria de bem jurídico quando "a confiança em sua existência" torna necessária a proteção jurídica penal.

Assim também é o proceder de D'Avila (2009, p. 60), que entende que bem jurídico é um valor, sendo construído a partir de um contexto referencial entre a comunidade e o seu momento histórico, consistindo em um juízo positivo de valor, ou seja, um momento axiológico de signo positivo em que a comunidade organizada, historicamente datada, reconhece a boa e desejada existência de determinadas realidades sociais, reunindo esforços em prol da sua continuidade.

Outros autores seguem a mesma linha de pensamento, conceituando bem jurídico como um valor de interesse social que encontra proteção na norma penal. É o valor que está inserido na norma jurídica penal e que visa a ela proteger. A exemplo de Reale Jr. (2006, p. 23), para o qual bem jurídico é um valor positivo e essencial que, em razão do dano causado com a sua violação, acaba por necessitar de uma proteção por parte do direito penal.

Como dissemos, não é uníssono na doutrina o valor como termo conceitual do bem jurídico. Há autores que entendem que o termo valor não seria o mais correto para definir bem jurídico. Para esse grupo, interesse consistiria no mais adequado para a caracterização do bem jurídico.

Interesse, etimologicamente, identifica-se como uma relação específica entre um objeto e o seu titular. O significado, subjetivo, dessa expressão guarda uma relação de cunho individual entre o ser/sujeito e o objeto em que recai o seu interesse. Por outro lado, há um sentido objetivo do termo que deve estar relacionado à valoração operada por critérios jurídicos em que se devem observar situações capazes de satisfazer uma necessidade humana (Bechara, 2014, p. 141).

Insere-se nesse grupo de doutrinadores, que defende o bem jurídico como um interesse, Bechara, para quem o bem jurídico caracteriza-se por uma relação, considerada valiosa, entre um sujeito e um bem socialmente considerados, aduzindo que:

> Dessa forma, os bens jurídicos não podem ser entendidos como valores, de caráter preestabelecido, universal e espiritualizado. (...) A fim de permitir a construção de um sistema aberto que seja capaz de adaptar-se às contingências concretas de tutela penal a partir da realidade social e

de suas relações, soa mais adequado vincular o bem jurídico à dimensão de interesse, no sentido de relação com o indivíduo, por implicar uma valoração dinâmica, material, histórica e interindividual, convertendo-se, portanto, no pressuposto para a assunção efetiva de sua função crítica. (Bechara, 2014, p. 140-141).

Winfried Hassemer e Muñoz Conde também definem o bem jurídico como um interesse que necessita de proteção jurídico-penal (*apud* Nascimento, 2021, p. 133).

Afastando-se dessas duas expressões, outros autores produzem seus próprios conceitos de bem jurídico.

Roxin (2018, p. 16) entende o bem jurídico não como valor ou interesse, mas sim como um pressuposto imprescindível para a existência da sociedade. Tal pressuposto caracterizar-se-ia por situações, ou circunstâncias valiosas, "úteis para o indivíduo e seu livre desenvolvimento no marco de um sistema social global estruturado sobre a base dessa concepção dos fins e para o funcionamento do próprio sistema".

Mesmo entendimento de Cláudio Brandão (2003, p. 9) para quem bem jurídico deve ser definido como o valor tutelado pela norma penal, sendo esse valor um pressuposto imprescindível para a existência da sociedade.

Também há autores que reconhecem a importância do interesse individual que, reconhecido pelo corpo social, passa a ter um valor que, a partir de então, merece ser penalmente protegido por ser necessário à perpetuidade da sociedade.

Tal é o ensinamento de Aníbal Bruno ao definir os bens jurídicos como "interesses fundamentais do indivíduo ou da sociedade que, pelo seu valor social, a consciência comum do grupo ou das camadas sociais nele dominantes eleva à categoria de bens jurídicos" (*apud* Batista, 2022, p. 112).

Em nosso sentir, entendemos que a visão de bem jurídico como valor expressa uma relação ética do conteúdo das normas penais, o que a torna mais palpável dentro de uma sociedade regida por um Estado Democrático de Direito. Não é o interesse apenas que faz o legislador elevar algo à categoria de bem jurídico, mas sim a sua importância, ante um juízo valorativo positivo, no seio de uma comunidade, delimitada no tempo, para a manutenção da paz social.

Então é esse valor, denominado de bem jurídico, que a norma penal visa proteger.

Diante das várias visões e conceitos expostos, podemos observar uma dificuldade dogmática em obter uma uniformidade conceitual para bem jurídico. Isso se dá em razão, como alertamos no início do capítulo, da capacidade dinâmica e polivalente que o caracteriza. Isso acaba por desaguar em um debate meramente terminológico, posto que, em verdade, ocorre uma coincidência dos significados de valor e interesse quando trabalhados como substrato conceitual do bem jurídico, ambos desempenhando o mesmo papel e objetivando o mesmo fim, qual seja: a legitimação do direito penal.

Nesse sentido, entendemos como Nascimento (2021, p. 140), ao afirmar que "não nos parece que uma definição suficientemente precisa e exaustiva sobre o bem jurídico seja essencial para que ele consiga exercer uma papel crítico-limitador relevante. Na realidade, tal pretensão é praticamente impossível de ser concretizada".

Apesar de não existir uma concordância entre os penalistas sobre o conceito de bem jurídico, não há dúvidas da sua importância e do papel que ele desempenha na dogmática penal.

Vimos, pela ótica da história, que o bem jurídico é uma pedra fundamental para a legitimação do direito de punir do Estado, e é a partir dessa conceituação, como valor ou como interesse, que o bem jurídico desempenhará importantes funções na dogmática penal as quais serão essenciais para a manutenção de um direito penal inserido no contexto desenvolvimentista de um Estado Democrático de Direito.

2.2 Funções do bem jurídico na dogmática penal

O postulado de que o delito constitui lesão ou perigo de lesão ao bem jurídico não encontra praticamente oposição, sendo quase um verdadeiro axioma, consagrando-se, dessa forma, o "princípio de exclusiva proteção de bens jurídicos" (Prado, 2019, p. 16).

Nesse sentido, vaticina Romulo Palitot Braga (2013, p. 70) que "a missão do direito penal não se confunde com a sua função. É a defesa de bens jurídicos".

Quando de sua construção histórica, com o objetivo de ganhar legitimidade, o direito penal passou a ter como missão a tutela dos bens jurídicos. E, dentro desse contexto protetivo, os bens jurídicos passaram, a fim de confirmar a legitimação e existência do direito, e dever, de punir do Estado, a serem incumbidos de exercer algumas funções dentro da sistemática penal, na busca por uma atuação democrática desse ramo do direito que, de todos, é o mais proeminente no cerceamento de direitos do cidadão.

Logo, cabe ao bem jurídico, como vetor referencial na conceituação de delito, e alçado à condição de valor, desempenhar diversas funções na dogmática penal que servirão para, desde a atuação do legislador penal, quando da elaboração das leis penais, até o juiz, quando da sua aplicação ao caso concreto posto a julgamento.

Assim, revela-se imperioso destacarmos as principais funções desempenhadas pelo bem jurídico para a sustentação da sistemática penal ante a influência que exerce em todo o sistema ao adotar o princípio da exclusiva proteção do bem jurídico.

Erigida a categoria de mais importante pela doutrina, temos a função limitadora ou de garantia do bem jurídico, que se caracteriza por exercer um poder limitador ao exercício do direito de punir do Estado.

O bem jurídico não é apenas um objeto de referência para a construção, elaboração da lei penal incriminadora, na qual teria por finalidade apenas dar validade e eficácia à norma penal. Mais do que isso, ao ser elevado à categoria de valor, como visto ao estudarmos a sua conceituação e conteúdo, o bem jurídico se caracteriza como um instrumento de garantia ao cidadão (Tavares, 2019, p. 219), concretizando-se no axioma *nullum crimen sine injuria*.

O crime é a lesão ou perigo de lesão ao bem jurídico. Logo, o legislador penal terá que criar delitos que descrevam uma lesão ou perigo de lesão, ofensa, a um bem jurídico, sendo uma condição necessária para legitimar a interferência do direito penal.

Não pode existir um delito que não traga em seu âmago uma lesão ou perigo de lesão ao bem jurídico. O legislador apesar de, aparentemente, encontrar-se livre para realizar, por meio do processo legislativo, a incriminação de condutas, este agir encontrará limites materiais exercido justamente por tal função do bem jurídico, colocando um freio ao legislador em desenvolver novas incriminações, como entende Azevedo e Faccini Neto (2013, p. 17) ao escreverem que:

> A teoria do bem jurídico estabelece um marco e um limite à liberdade de legislar, tendo como ponto inicial a exigência de um referente pessoal na proteção penal, e, como limite, o fundamento de validade da escolha, pelo legislador, daqueles bens relevantes ao convívio social e, por isso, merecedores de proteção.

No mesmo sentido, ensina Prado (2006, p. 32), para quem esta função determina uma postura ao legislador, para que não tipifique condutas que não sejam graves à incolumidade do bem jurídico a ser protegido, limitando, assim, a atividade legislativa no momento de produção das normas penais.

Nesse viés, a ação legiferante encontra barreira ao eleger o bem que será protegido pela norma incriminadora. Não pode o legislador, ao seu alvedrio e de forma aleatória, elevar um determinado bem ou valor à categoria de bem jurídico penalmente protegido e tipificar uma conduta como criminosa e que atente contra a sua integridade.

De acordo com o preceito da função garantidora, exercida pela teoria do bem jurídico, esse valor tem que ser socialmente relevante e munido de uma preponderância na sociedade, para só assim poder receber a tutela do direito penal; caso contrário, não pode tal tipo penal adquirir legitimidade, pois, como bem analisa Ulloa (2022, p.115), inserido nessa função garantidora está um caráter orientador do bem jurídico o qual deve,

> *exigir la supression de tipos penales que realmente no protegen bienes jurídicos (como son los denominados delitos formales o de mera desobediência e o aquelles basados em meras inmoralidades) y, a la inversa, la creación de nuevos tipos penales para proteger bienes jurídicos que en ese momento carezcan de tutela penal.*

Concatenado com a premissa de que: "O bem jurídico é, então, centro de legitimação do direito penal, estabelecendo os parâmetros de intervenção penal e servindo de marco interpretativo quanto à legitimação ou não dos tipos penais" (Azevedo; Faccini Neto, 2013, p. 18).

Essa função garantidora se comporta como matriz da qual irá emanar as demais incumbências do bem jurídico penal, a exemplo da função crítica que ora passamos a analisar.

Com a criação, promulgação e sanção da lei penal e a sua consequente entrada em vigor, não se esgota o mister exercido pelo bem jurídico. Agora, com a lei em vigência, cabe a ele exercer o seu papel crítico, no sentido de dar ou não legitimidade para o tipo penal incriminador e, até mesmo, entender como proporcional ou não a pena a ele, abstratamente cominada, opinando pela manutenção ou não do crime no sistema.

A função crítica do bem jurídico penal também é denominada como função político-criminal. Prado (2019, p. 32) utiliza tal expressão e a caracteriza como o exercício de critérios orientadores no plano da política criminal a fim de legitimação da norma penal.

Bechara (2014, p. 143), ao também fazer uso da expressão função político-criminal, entende que a análise crítica exercida pelo bem jurídico revela-se na busca da confirmação da existência de vínculos entre o bem jurídico tutelado e sua real necessidade de tutela penal para, assim, ser ou não legítima a vigência da norma incriminadora.

Toda e qualquer lei que tenha passado pelo processo legislativo e esteja em vigor não está passível de críticas e análises posteriores de sua legitimidade e/ou constitucionalidade. Assim também ocorre com o tipo penal. Os intérpretes, operadores do direito penal, podem e devem realizar o senso crítico e questionar a legitimidade ou não da incriminação, bem como da pena imposta abstratamente, a fim de apurar, inclusive, a proporcionalidade ou não dela diante do bem jurídico que busca proteger.

É preciso observar se o bem tutelado pela norma é realmente passível de proteção, se representa um valor social merecedor e carecedor da sua inserção em um tipo penal, bem como se realmente existe um bem jurídico protegido na norma. Ou até mesmo se o crime em análise, antes importante para a sociedade que historicamente a tipificou, atualmente não mais encontra razão de ser, desaparecendo a sua necessidade de proteção, a exemplo do crime de bigamia, podendo ocorrer, assim, a sua abolição como conduta criminosa, relegando a outros ramos do direito a sua devida regulamentação e/ou proibição.

Tudo isso será realizado, dentro da concepção da teoria da proteção exclusiva do bem jurídico, em razão da função crítica do bem jurídico, sendo ela empregada para afastar do sistema penal incriminações em que não se vislumbra a proteção a um bem jurídico legítimo, que essa proteção já não mais seja necessária, ou ainda que a pena, abstratamente cominada, seja superior ou inferior à necessária para a correta proteção do bem jurídico.

Em resumo, a função crítica se caracteriza por:

> A existência de um tipo penal em que não se vislumbre nenhum bem jurídico ou tão pouco possamos identificar uma necessidade social àquela incriminação e, portanto, não se justificando de modo algum a incriminação, esse é um exemplo de situação em que o bem jurídico assumiria a função crítica, servindo de argumento para a eliminação

do sistema penal de algum tipo penal desta natureza. É, portanto, a possibilidade de se contestar a legitimidade de uma determinada incriminação pela ausência de proteção de algum bem jurídico através da norma penal que se realiza o exercício pleno da função crítica do bem jurídico. (Azevedo; Faccini Neto, 2013, p. 36).

Se a função de garantia atua antes da criação da norma penal colocando um limite na decisão do legislador, a função crítica, uma vertente da garantia, atua posteriormente à formação dos tipos penais, buscando legitimar ou não a sua permanência no sistema. Pois, como bem afirma Deodato (2009, p. 99), "é o bem jurídico que nos possibilita uma compreensão mais profunda do que se altera ou do que permanece no âmbito do direito penal", e isso se dá pelo exercício da função crítica.

Outra função importante desempenhada pelo bem jurídico é a dogmática, também podendo ser encontrada com a nomenclatura de interpretativa ou teleológica.

A função dogmática ou interpretativa é exercida, a exemplo da crítica, após a vigência da lei, incidindo no atuar interpretativo e na aplicação judicial da lei ao caso concreto.

Logo, encontra-se relacionada à interpretação das normas penais e a sua construção sistemática, conforme aduz Bechara (2014, p. 144), para quem a função dogmática do bem jurídico é "aplicável a toda a estrutura do delito, desde o juízo de tipicidade do comportamento, até a culpabilidade, verificada em seu sentido de motivação do agente em relação ao interesse tutelado pela norma".

Nessa atividade desenvolvida pela função dogmática, o intérprete realizará a adequação da conduta realizada pelo infrator ao tipo penal correspondente verificando, para isso, o bem jurídico que o agente quis vilipendiar. Assim, a par de tal função busca-se evitar subsunções, da conduta ao tipo penal, que não cumpram o fim de proteção da norma, posto que, por muitas vezes, é possível que um determinado comportamento se encaixe na redação literal de um tipo penal, mas que não lesione o bem jurídico protegido pela norma, e sim viole um bem descrito em outro tipo (Barber, 2020, p. 155).

Assim, conforme leciona Antoni Cardona Barber (2020, p. 155), essa atribuição do bem jurídico dota o sistema de um instrumento dogmático de um irrenunciável valor hermenêutico, podendo encontrar mais facilmente o sentido, o fim de proteção da norma e, com ele, favorecer a tipicidade de toda a conduta, fazendo a correta adequação típica.

Para Prado (2019, p. 31), há uma dicotomia entre a função dogmática e a interpretativa, não sendo elas sinônimos.

Para o referido autor, a função dogmática exerce uma função doutrinária, consistindo "na valorização do papel central que ocupa o bem jurídico na formação do delito" (Prado, 2019, p. 31).

Por outro lado, o mister interpretativo do bem jurídico se identifica com a busca dos sentidos de cada tipo penal, no afã de condicionar o sentido e o alcance à finalidade da proteção do bem jurídico tutelado pela norma penal (Prado, 2019, p. 32).

E, por conclusão, não podemos perder de vista, conforme escreve Ulloa (2022, p. 118), que essa função do bem jurídico possibilita a adequação das diferentes formas de interpretação, ou seja, literal, sistemática, histórica etc. aos objetivos político-criminais que sirvam de base à tipificação do delito em questão, permitindo, por sua vez, a adequação da lei às necessidades e concepções da sociedade histórica considerada.

Outras duas funções de relevo do bem jurídico são a sistêmica e a individualizadora da pena.

A função sistêmica, sistemática ou classificatória serve para classificar, sistematizar a própria legislação penal, classificando e separando os diversos tipos penais em grupos de acordo com o bem jurídico que visa proteger, podendo tanto ocorrer no Código Penal como nas leis especiais, sendo, assim, "um guia ao reagrupamento dos delitos em uma ordem legal representativa de uma hierarquia de valores", conforme aduz Prado (2019, p. 32).

Tal função é bem nítida, assim como essa hierarquia de que fala Prado, no Código Penal, ao estruturar a sua parte especial, separando-a por bens jurídicos e estabelecendo uma ordem de valoração, começando pelo bem mais valioso: a vida.

Já a função individualizadora é, em verdade, um critério de medição e determinação quando da aplicação da pena em concreto, no momento da sentença penal condenatória, devendo fazer o cotejo da pena a ser aplicada com a gravidade da lesão sofrida pelo bem jurídico. Nas palavras de Prado (2019, p. 32), essa função não deixa de ter um pouco da função de garantia, posto que "consiste em reconstruir a concreta ofensa a um interesse merecedor de tutela, legitimando, assim, a incriminação de uma conduta na perspectiva de um direito penal do fato".

Dessa análise, verificamos que, a partir da inserção do princípio da exclusiva proteção de bem jurídico como missão do direito penal, o bem jurídico, na dogmática penal, ganha um peso significativo, passando a desempenhar diversas funções que serão exercidas em todo o sistema penal, desde a criação dos tipos até a aplicação da pena.

Como consequência dessas funções e de suas aplicações, observaremos, com a constitucionalização do bem jurídico, a recepção pela ciência penal de diversos princípios que regerão o direito penal e a aplicação da norma, tendo como vetor orientador o bem jurídico.

2.3 Constitucionalização do bem jurídico penal

Sabido que com o cenário atual pós-Constituição de 1988 passamos por um processo de constitucionalização de todos os ramos do direito, busca-se na constituição a sua fundamentação e princípios reitores, bem como legitimidade das normas, tendo respeito à hierarquia normativa.

O fenômeno da constitucionalização do direito é latente. Com a Constituição no centro do ordenamento jurídico, essa nova ordem passa por dois aspectos: o primeiro é que a Constituição contempla outros ramos do direito; o segundo aspecto é denominado de filtragem constitucional, que consiste que a Constituição sirva como um filtro para a interpretação dos demais ramos do direito, devendo ser interpretados à luz da Constituição.

Com o direito penal não é diferente. Encontramos muitos dos princípios penais insculpidos explicitamente na Constituição Federal. Outros são retirados de forma implícita de acordo com o sistema orientador da política-criminal de um Estado democrático de direito. Encontramos até mandamentos constitucionais de incriminação determinando ao legislador ordinário a proteção de certos bens jurídicos por meio do direito penal.

E, dentro dessa constitucionalização, é necessário entendermos como fica a relação do bem jurídico penal, a constituição e a sociedade, que até então seria a fonte do valor a ser protegido. A Lei Maior teria o condão de determinar e criar valores a serem protegidos pelo direito penal ou entende-se apenas como norma orientadora para uma política criminal a ser verificada a sua necessidade pelo legislador ordinário?

Reale Júnior (2006, p. 28), escrevendo sobre o tema, assevera que:

> A constituição ao consagrar valores visa primacialmente a dirigir a ação estatal no sentido da sua realização, e não descrever condutas proibidas. Como disse no início, a incriminação se gira em torno da proteção de um

valor, tem por objetivo uma determinada espécie de conduta, lesiva de forma relevante a este valor, e o exame da criação de tipos penais requer atenta reflexão sobre o grau de ofensividade de um comportamento a exigir a proteção penal.

Nesse sentido, objetivando uma garantia maior ao cidadão, cumprindo uma função limitadora oriunda da concepção do referencial teórico material do delito como bem jurídico, no cerne da questão surge a teoria constitucional do bem jurídico, sendo este previsto na Constituição, logo funcionando como limite ao poder punitivo estatal.

A Constituição passa a exercer uma função racionalizadora, dando coloração jurídica, filtrando os valores sociais dignos de proteção, elevando-os ao patamar de valores, bens constitucionais, dando o aval para que o legislador possa exercer a sua proteção por meio do direito penal.

Nesse sentido, entende Bechara (2014, p. 121-122) que:

> Passa-se, então, a buscar na Constituição, como fonte normativa suprema de todo o ordenamento jurídico, os objetos aos quais deve o Direito Penal conferir proteção. A razão da determinação do conteúdo do bem jurídico pelos valores consagrados na lei fundamental baseia-se na própria ideia da pena. Assim, se a sanção penal é apta a afetar diretamente direitos constitucionalmente protegidos, o Direito Penal deve proteger apenas valores também consagrados na lei fundamental.

A fonte para o encontro dos bens jurídicos tutelados pela lei penal passa a ser a Constituição, por ser ela a representação máxima dos valores já juridicamente considerados e normatizados, ante a sua instrumentalidade de fundamento político do Estado democrático de direito.

Os bens do sistema social se transformam e se tornam bens jurídicos merecedores da tutela penal por meio da ordenação axiológica jurídico-constitucional, conforme ensina Figueiredo Dias (*apud* Bozza, 2015, p. 146), para quem a Constituição é a referência dos valores sociais a respeito de seus interesses e, só por meio dela é que se legitima a escolha dos bens jurídicos.

Nessa lógica, o bem jurídico penal só encontraria legitimidade se refletir um valor já reconhecido pela Constituição. Ou seja, antes de se encontrar tipificado na lei penal, o valor, bem jurídico, deve, antes, estar concretizado na lei maior, para só assim encontrar sua validade, pois seriam concretizações dos valores já previstos, expressa ou implicitamente, na Constituição, encontrando-se vinculados à ordem política, econômica e social, bem como os direitos e deveres fundamentais.

Há diversos autores que defendem a constitucionalização do bem jurídico, tanto no Brasil como no estrangeiro. Na Alemanha, Claus Roxin se destaca como um dos expoentes. No Brasil podemos citar Luiz Regis Prado como referência no tema.

Roxin (2018, p. 16) entende que a intervenção jurídico-penal só deve ser autorizada quando anteder à função social do Direito Penal, sendo tal função configurada no objetivo de garantir a seus cidadãos uma existência pacífica, livre e socialmente segura. Mas se tais objetivos puderem ser alcançados por outras medidas que não as penais, aí não encontrariam legitimidade, ante o caráter subsidiário do direito penal.

Para Roxin os bens jurídicos podem ser criados pelo legislador ordinário, não sendo fixados anteriormente na Constituição, o papel que esta realiza na materialização do bem jurídico diz respeito a um caráter limitador, proibindo os excessos no âmbito da ofensividade, devendo o legislador observar quando da criação dos tipos penais.

Na doutrina brasileira a teoria ganha corpo sob a batuta, em especial, de Prado (2019, p. 50). Já de início em seus escritos Prado entende que o conceito de bem jurídico deve ser deduzido a partir da Constituição, "operando-se uma normatização de diretivas político-criminais". Ou seja, a constitucionalização do bem jurídico leva à formulação de critérios que buscam limitar o legislador ordinário quando da criação dos tipos penais incriminadores.

Para Prado (2019), o bem jurídico protegido na norma penal não precisa encontrar correspondência exata na Constituição, mas deve, pelo menos, não existir incompatibilidade, tendo o legislador ordinário liberdade quando da criação dos tipos penais, desde que em harmonia quanto ao leque valorativo insculpido na Carta Magna.

Assim, em suma, é concepção do autor ao dizer que:

> Segundo a concepção aqui acolhida, o bem jurídico protegido deve estar sempre e compasso (conformidade) com o quadro axiológico vazado na Constituição (princípios e valores – chamado núcleo material constitucional), e a noção de Estado democrático e social de Direito (Estado Constitucional).
>
> Daí apresentar-se como uma postura constitucional estrita, ainda que matizada, temperada ou relativa, sendo, de certo modo, um pouco mais aberta do que dissociada do pressuposto do bem jurídico, sendo

considerada legítima, sob a ótica constitucional, quando socialmente necessária. Isso vale dizer: quando imprescindível para assegurar as condições de vida, o desenvolvimento e a paz social, tendo em vista o postulado maior da liberdade – verdadeira presunção de liberdade – e da dignidade da pessoa humana. (Prado, 2019, p. 55, grifos do autor).

Observa-se que a Constituição passa a ser um marco referencial para a legitimação do sistema penal. Busca-se mais um mecanismo limitador e legitimador do direito penal, ocorrendo uma contenção do poder punitivo pelo poder constituinte por meio de mandamentos insculpidos nas normas máximas do direito positivado, ou seja, na Constituição (Zaffaroni, 2020, p. 34).

A Constituição não é um limite, constituindo um leque predefinido em que o legislador buscará nesse rol um bem a ser tutelado penalmente. Lá constam alguns bens que tem o legislador que proteger de forma mais contumaz, mas não necessariamente pelo direito penal. Caso outros ramos do direito exerçam essa função de modo satisfatório, não há razão para a intervenção penal. Assim como se pode dar guarida penal a bens e valores que não estejam na Lei Maior, porém necessite da proteção penal.

O que importa é a compatibilidade entre a proteção penal e os valores insculpidos na constituição, a fim de não ser violada uma garantia maior do cidadão: a sua liberdade.

Com isso, dentro desse sistema se sobressairão diversos princípios, explícitos e implícitos, que direcionarão o legislador e o intérprete do direito penal quando da criação e aplicação da legislação, criando um verdadeiro caleidoscópio protetivo, objetivando a satisfação de uma garantia dentro da estrutura de um Direito Penal vocacionado a um Estado democrático de direito, dando legitimidade ao sistema punitivo.

2.4 Principiologia consequencial do direito penal protetor do bem jurídico

Toda ciência, jurídica ou não, tem como base princípios que norteiam os seus fundamentos e funcionalidade, a fim de sustentar a veracidade de suas posições e postulados elaborados. Os princípios constituem-se como ferramentas que, devidamente trabalhadas, serão utilizadas para a construção da dogmática.

Com o pós-positivismo jurídico ocorreu a elevação dos princípios à categoria de normas, possuindo, portanto, uma influência maior quando da formatação e observância do direito.

Podemos afirmar, conforme doutrina de Robert Alexy (*apud* Novelino, 2016, p. 114), que os princípios se apresentam como mandamentos de otimização, ou seja, ordenando que algo seja cumprido na maior medida possível, de acordo com as circunstâncias fáticas e jurídicas existentes, em colmatação com outras normas jurídicas envolvidas na análise.

A ciência penal também se utiliza de vários postulados – matrizes, denominadas princípios – necessários para a sua formação e que devem ser observados e analisados por todos os operadores da ciência penal quando de sua aplicação.

Da recepção do princípio da exclusiva proteção dos bens jurídicos como missão do direito penal e, logo, com a constitucionalização do direito penal, sendo o seu referencial retirado da Constituição Federal, conjugado com as funções exercidas pelo bem jurídico, surge, como fruto, uma gama de princípios que regerão a dogmática penal e lhe imporão a sua devida observação, já que, como dito, são alçados à categoria de princípios constitucionais, logo tendo aplicação direta e imediata.

Para Prado, os princípios penais

> constituem o eixo da matéria penal, alicerçando o edifício conceitual do delito, limitando o poder punitivo do Estado, salvaguardando as liberdades e os direitos fundamentais do indivíduo, orientando a política legislativa criminal, oferecendo pautas de interpretação e de aplicação da lei penal conforme a Constituição e as exigências próprias de um Estado Democrático e social de Direito. Têm, portanto, função interpretativa, fundamentadora, supletória, além de serem diretamente aplicáveis, visto que dispõem de força normativa. Numa palavra: servem de fundamento e limite à responsabilidade penal (Prado, 2019, p. 78).

Senão vejamos a análise dos princípios oriundos da recepção da teoria da exclusiva proteção de bens jurídicos como missão do direito penal.

2.4.1 Princípio da subsidiariedade

Também denominado de intervenção mínima, extrai-se da expressão latina *ultima ratio*, em que o direito penal deve ser o último ramo do direito a atuar, só sendo chamado quando todos os demais se mostram inócuos para proceder à proteção digna do bem jurídico.

De origem iluminista, tal princípio pretendia limitar os poderes absolutos do regime que prevalecia à época se valendo das ideias de necessidade e de utilidade da intervenção penal (Prado, 2019, p. 90).

Em seus escritos, Beccaria (2014, p. 82) já alertava no sentido de que "proibir uma enorme quantidade de ações indiferentes não é prevenir os crimes que delas possam resultar, mas criar outros novos". Já aí se encontravam as origens do princípio da subsidiariedade.

A subsidiariedade expressa-se na ideia de que o direito penal só deve ser utilizado quando for observado ser ele mais eficaz do que os outros ramos jurídicos. Assim, é um princípio voltado para o legislador, que deverá criminalizar uma conduta se verificar que as demais searas jurídicas não são eficientes para sancionar o autor da conduta. Também cabe ao intérprete do direito só considerar puníveis as condutas que exijam esse castigo extremo. Assim, se confirmará que o direito penal atua para maximizar as garantias e minimizar a intervenção (Deodato, 2015, p. 99).

Analisando os fundamentos do direito penal, Claus Roxin (2006, p. 52) entende que, mesmo que um comportamento deva ser impedido, tal proibição só deve ocorrer por meio de uma sanção penal caso não seja possível obter o mesmo resultado, efetivo e protetivo, mediante meios menos gravosos.

Expõe a subsidiariedade do direito penal em relação aos outros campos do direito, pois apenas intervém quando nenhum outro recurso possa mais valer. Para o mestre alemão, a consequência desse raciocínio reside no fato de que não se pode intervir mais severamente na liberdade do que o estritamente necessário, concluindo que:

> O Direito Penal serve, portanto, à proteção subsidiária de bens jurídicos e, consequentemente, está justificado em sua existência quando a convivência pacífica e materialmente segura dos cidadãos somente pode ser preservada por uma ameaça punitiva (Roxin, 2007, p. 8).

Tal princípio assume um papel de orientação político-criminal restritiva do direito de punir, encontrando-se na essência do direito penal e da concepção do Estado democrático de direito, uma vez que o uso demasiado do direito penal para tipificar condutas não é corolário lógico de uma maior proteção de bens e sentimento de segurança da sociedade, mas, ao contrário, acaba por gerar ao direito penal, e à pena, uma mera função simbólica que acabará por se tornar ineficiente (Prado, 2019, p. 90).

Uma consequência da subsidiariedade do direito penal é a sua vertente da fragmentariedade, ou seletividade, uma vez que incrimina apenas algumas das ações lesivas a determinado valor, ou seja, as condutas que coloquem em maior risco o bem jurídico (Reale Júnior, 2006, p. 26).

No mesmo sentir analisa Paulo Queiroz (2015, p. 68), ao afirmar que pela fragmentariedade do direito penal ocorre a seletiva tipificação das condutas, atendendo

> à relevância do bem jurídico, e segundo a intensidade da lesão de que se trate, outorgando-lhes uma proteção relativa. Não se protegem, portanto, todos os bens jurídicos, mas só os mais importantes, nem sequer protegem em face de qualquer classe de atentados, mas tão só em face dos atentados mais intoleráveis.

Por fim, vale salientar que a subsidiariedade do direito penal, ou a sua intervenção mínima, não é um princípio expresso, seja na Constituição Federal, seja no Código Penal, mas é uma norma intrínseca ao sistema que emana, como dissemos, da natureza do direito penal e do Estado democrático de direito, tendo diálogo lógico com os demais princípios penais positivados, impondo ao legislador e ao intérprete da lei sua devida observância e respeito quando da elaboração e aplicação das leis penais.

2.4.2 Princípio da insignificância

Como postulado, o princípio da insignificância induz a uma intervenção do direito penal apenas nos casos de ataques muito graves aos bens jurídicos mais importantes, em que perturbações mais leves não seriam objetos de sua tutela, sendo objetos de proteção de outros ramos do direito, não devendo o direito penal intervir quando a lesão jurídica for mínima, resguardando a sua atuação nos casos de ofensas mais graves.

A insignificância, como princípio penal, foi formulada por Claus Roxin, estando vinculado ao axioma latino *minimis non curat praetor*, que significa (em tradução livre) que o pretor não se preocupa com as pequenas coisas. Trazendo para a atualidade, o Estado não deve se preocupar com fatos de pouca relevância jurídica, devendo repassar tal preocupação para outros ramos do direto. Sendo assim, um corolário lógico, e auxiliado, pelo princípio da intervenção mínima.

A insignificância também é conhecida, em especial na doutrina alemã, como crime de bagatela (*bagatelledelikte*). Para tal postulado não basta apenas que a conduta humana esteja descrita formalmente na lei, tem-se que visualizar algo mais, se esse comportamento humano foi, verdadeiramente, lesivo a bens jurídicos.

Nesse sentido, ensina Prado (2019, p. 101) que a "irrelevante lesão do bem jurídico protegido não justifica a imposição de uma pena, devendo excluir-se a tipicidade da conduta em casos de lesões de pouca gravidade".

Como consequência da aplicação ao caso concreto, do princípio da insignificância, considerar-se-iam atípicas condutas humanas que não lesem a vida em sociedade, por serem tão ínfimas e insignificantes, não merecendo qualquer apreciação da função judiciária.

Afasta-se a tipicidade, em seu conteúdo material, possuindo este princípio a natureza de excludente da tipicidade (Queiroz, 2015, p. 89).

Como leciona Rogério Greco (2016, p. 106):

> O princípio da insignificância, portanto, servirá de instrumento de utilização obrigatória nas mãos do intérprete, a fim de realizar a perfeita adaptação do comportamento do agente ao modelo abstrato previsto na lei penal, com a sua atenção voltada para a importância do bem ofendido, raciocínio que é levado a efeito considerando-se a chamada tipicidade material.

Em suma, este postulado é entendido como um princípio auxiliar de interpretação, tendo por finalidade afastar do tipo penal os danos de pouca ou nenhuma importância, podendo ser aplicado em grande parte dos tipos penais, mas não em todos.

Quanto a sua aplicação, coube à jurisprudência, no âmbito nacional, por meio do Supremo Tribunal Federal, disciplinar, em sede de julgamento de *Habeas Corpus*, os requisitos para a aplicação de tal princípio, afirmando a necessária presença dos seguintes vetores para o seu reconhecimento: mínima ofensividade da conduta do agente; nenhuma periculosidade social da ação; reduzidíssimo grau de reprovabilidade; inexpressividade da lesão jurídica (STF, Rel. Min. Celso de Mello, HC 115.246/mg, 2ª t., Dje 26/06/2013).

2.4.3 Princípio da ofensividade

Conforme estudamos, o crime é definido como lesão ou perigo de lesão ao bem jurídico, sendo a missão do direito penal a proteção do bem jurídico.

Como consectário lógico de tal afirmação, temos a fórmula latina *nullum crimen sine injuria*. Por ela extraímos que é nula, inválida a lei que tipifica uma ação, ou omissão, como criminosa que não preveja uma lesão ou perigo de lesão ao bem jurídico, ou seja, só há crime se tiver uma ofensa ao bem jurídico.

Deodato (2015, p. 99) ensina sobre esse princípio afirmando que só as condutas que alcancem um bem jurídico, seja lesionando-o ou colocando-o em perigo concreto ou abstrato, merecem ser incriminadas. Se configuraria como "um limite ao *jus puniendi*. Por isso, só se deve falar em cometimento de um crime, na hipótese de ocorrer uma ofensa, seja através de uma conduta lesiva ou de uma conduta que concretize o perigo de uma lesão".

Da ofensividade surge um subprincípio, o da alteridade ou exterioridade, cuja concepção se enquadra no sentido de que só se deve considerar típica a conduta que ofenda terceiros (Deodato, 2015, p. 100).

Alguns autores usam uma nomenclatura diferente para a ofensividade, nomeando-a de lesividade, a exemplo de Batista (2022, p. 89), para quem a intervenção penal só poderá ser legitimada se a conduta do infrator estiver vocacionada a lesionar o direito de um terceiro. Para esse autor, o princípio da lesividade despenha quatro funções dentro do sistema protetivo do bem jurídico.

A primeira função é a proibição de incriminação de uma atitude interna, como resultado do adágio latino *cogitationis poenam nemo patitur*. As intenções, cogitações, pensamentos do agente não devem ser punidos. Para ocorrer a punição é necessária uma exteriorização.

Segunda função é a proibição da incriminação de uma conduta que não exceda o âmbito do próprio autor. Ou seja, autolesão não seria passível de punição pelo direito penal, ante a inexistência de ofensividade a um bem jurídico de outrem.

A proibição de incriminação de simples estados ou condições existenciais é a terceira função. E a quarta função consistiria na proibição de condutas desviadas que não afetem qualquer bem jurídico, entendendo como desviadas as condutas desaprovadas pela coletividade (Batista, 2022, p. 91).

Observa-se do quanto dito que o princípio da ofensividade é condição *sine qua non* para a fundamentação da teoria do bem jurídico. Tal é o pensamento de Nascimento (2021, p. 222), ao afirmar que:

> É o princípio da ofensividade que impede uma análise do crime pautada tão somente pela correspondência descritiva entre o fato e a norma, sendo igualmente fundamental que o comportamento típico (o tipo de ação ou de omissão) seja lesivo ao objeto de tutela da norma a ponto de justificar a intervenção penal.

A concepção de ofensividade ganha mais relevo na atualidade diante de uma concepção ontoantropológica adotada por D'Avila e Deodato.

Tais autores entendem que a melhor forma de entender os elementos que sustentam dogmaticamente a infração penal é por meio do cânone da ofensividade, entendendo-a como uma

> concepção de ilícito penal estabelecida fundamentalmente na ofensa a interesses objetivos, no desvalor que expressa a lesão e no pôr-em-perigo bens juridicamente protegidos. (...) revela a exigência de que, para termos um juízo de ilicitude, não basta a mera subsunção da conduta ao tipo. Mais do que isso, exige-se o indispensável atendimento dos requisitos substanciais de legitimação, atinentes à ofensividade. (Deodato, 2012, p. 21).

Assim também ensina D'Avila (2009, p. 50-51, grifos do autor), para quem:

> Uma tal concepção antropológica do direito penal, percebida e recepcionada juridicamente através do *modelo de crime como ofensa a bens jurídico-penais*, não só, vale reiterar, atribui ao ilícito uma *posição privilegiada* na estrutura dogmática do crime, eis que portador, por excelência, do juízo de desvalor da infração enquanto elemento capaz de traduzir para além da intencionalidade normativa, também a própria função do direito penal, como propõe a noção de *ofensa a bens jurídicos*, a noção de resultado jurídico como pedra angular do ilícito-típico.

Logo, sem a ideia de uma ofensa ao bem jurídico não pode existir crime, estando esvaziada a sua tipicidade material. Não se podendo falar em legitimidade na incriminação sem a correspondente ofensa. É o desvalor do resultado, insculpido na ofensa ao bem tutelado pela norma penal que será levado em consideração quando da análise do delito.

CAPÍTULO 2
O BEM JURÍDICO PROPRIAMENTE DITO | 71

Nesse contexto, se caracteriza a ofensividade, também, como os demais princípios e funções do bem jurídico, como uma garantia.

E, como garantia, acaba por se elevar como um princípio de estatura constitucional, não explícito, mas implícito dentro do sistema constitucional-penal, uma vez que deve ser tomado como instrumento de orientação e limite de contenção da política criminal adotada.

Nesse sentido, entende D'Avila (2009, p. 70) ao afirmar que do princípio geral de tutela de bens jurídicos decorre "tanto o princípio de garantia representado pela necessidade da ofensa, como o princípio constitucional impositivo, representado pela intervenção necessária", concluindo que: "Toda incriminação que vá além dos limites da ofensividade não corresponde a um interesse político-criminal legítimo, eis que estaria fora do âmbito de proteção do seu princípio conformador" (D'Avila, 2009, p. 70).

O princípio da ofensividade aponta o caminho para o legislador na produção da tipificação penal, afirmando que para ter legitimidade o tipo penal tem que prever condutas lesivas, ofensivas ao bem jurídico, demonstrando-se a intervenção penal *ultima ratio* que é, como necessária. Não basta o desvalor da conduta, é preciso levar em consideração o resultado, o seu desvalor, para assim possuir validade a norma.

Ao mesmo modo é utilizado para o intérprete quando da aplicação e análise do tipo penal. E, para isso, além do sistema constitucional, pode se valer do próprio Código Penal, que revela a sua formatação voltada para um ilícito penal do fato, em que a ofensa, resultado é pedra de toque do sistema. Como exemplo teríamos o crime tentado, punido com pena menor do que o consumado (art. 14, II, do CP), a não punição do crime impossível (art. 17, do CP).

Da análise desse importante e contemporâneo princípio da dogmática penal podemos concluir que, na dicção de D'Avila (2009, p. 68),

> o modelo de crime como ofensa ao bem jurídico corresponde a uma base político-ideológica que reflete uma forma de pensar o direito penal e o fenômeno criminoso não só adequada, mas até mesmo intrínseca a modelo de Estado democrático e social de Direito.

Tal princípio de exigência constitucional é uma garantia que deve ser observada por todos os aplicadores da ciência penal, incluindo o legislador, para que desenvolva tipos penais voltados para um direito penal comprometido com o desvalor que a ofensa representa contra o bem jurídico tutelado, pois só assim teremos um direito penal cumprindo a sua função conforme leciona Figueiredo Dias (*apud* D'Avila, 2009, p. 58) que é a "tutela subsidiária de bens jurídicos dotados de dignidade penal".

2.4.4 Princípio da proporcionalidade

No afã de concretizar o mandamento constitucional e evitar a lesão ou perigo de lesão ao bem jurídico, o legislador busca uma punição exemplar ao violador da norma, nesse mister deverá ser observada a equação da proporcionalidade entre o bem protegido e a quantidade da pena a ele abstratamente cominada.

O legislador tanto não pode exceder no poder estatal de punir, ou mesmo atribuir uma pena menor do que o bem jurídico necessita para ser protegido de forma eficaz. Tal é o que dispõe o princípio da proporcionalidade, ideia esta que é diretamente vinculada às funções limitadora e crítica do bem jurídico.

Beccaria já vocacionava que "não é tão fácil conservar a proporção essencial entre o delito e a pena" (Beccaria, 2017, p. 116-117). Para esse filósofo iluminista, o legislador, quando da elaboração legislativa, deve estabelecer divisões principais na distribuição das penas proporcionadas aos crimes e que não aplique os menores castigos aos maiores delitos, posto que a exata medida do crime (sua pena) deve ser proporcional ao prejuízo causado à sociedade (nação) (Beccaria, 2017, p. 75).

Sedimentada a necessidade de equalização entre o mal cometido com o crime e a pena a ser imposta é que se dá fruto à proporcionalidade, este filho direto do mandamento da individualização da pena, sendo, assim, um princípio constitucional implícito (Greco, 2016, p. 113).

Assim, ensina Queiroz (2015, p. 85) que:

> De acordo com o princípio da proporcionalidade, o castigo deve variar conforme a gravidade do crime concreto, isto é, requer um juízo de ponderação entre a carga de privação ou restrição de direito que a pena comporta, e o fim perseguido com a incriminação e com as penas em questão.

E dentro dessa ideia de proporcionalidade, um dos sentidos desse princípio é direcionado ao legislador quando da elaboração da lei, denominado de proporcionalidade abstrata, em que cabe a ele observar as cominações das sanções com seus limites legais, não podendo exacerbar tais penas (Queiroz, 2015, p. 85).

Outro não é o pensamento de Deodato (2015, p. 103-104), ao escrever que:

> O princípio da proporcionalidade (ou razoabilidade) vem sendo um importante ponto de orientação ao legislador e ao intérprete desde o século XIX. Consiste na ponderação, tanto formal como substancial, sobre a lesão ou perigo de lesão a um bem jurídico e a gravidade da resposta por essa conduta. A ponderação deve ser feita entre o desvalor do resultado, o perigo de frequência e a finalidade da tutela penal. Tal medida será tratada não como uma análise do ato, a exemplo da responsabilidade subjetiva, mas levando em consideração o todo da pena.

Nesse sentido, acompanha Greco (2016, p. 115) ao ensinar que o legislador deverá proceder a um estudo comparativo entre as figuras típicas, para que, mais uma vez, seja realizado o raciocínio da proporcionalidade sob um enfoque de comparação entre os diversos tipos que protegem bens jurídicos diferentes.

Não se pode admitir uma proteção deficiente ao bem jurídico. Porém, também tal proteção não pode ser exagerada, cominando uma pena excessiva em relação ao bem jurídico tutelado na norma.

Dentro de uma vertente da proporcionalidade existe a proibição do excesso (*übermassverbot*):

> Por meio do raciocínio da proibição do excesso, dirigido tanto ao legislador quanto ao julgador, procura-se proteger o direito de liberdade dos cidadãos, evitando a punição desnecessária de comportamentos que não possuem a relevância exigida pelo Direito Penal, ou mesmo comportamentos que não penalmente relevantes, mas que foram excessivamente valorados, fazendo com que o legislador cominasse, em abstrato, pena desproporcional à conduta praticada, lesiva a determinado bem jurídico (Greco, 2016, p. 116).

Não se pode abandonar a ciência em prol de uma pseudoproteção mais severa, achando que a violência da pena afastará a incidência do crime. Nem mesmo conceber uma pena aquém do que se espera a atuação penal, tornando-a apenas simbólica, ou no papel. Há de se fazer nos moldes científicos, sob pena de ficar a punição no papel em razão da inconstitucionalidade da lei, devendo fazer o cotejo com as finalidades da pena.

Desde sempre nos ensinavam os clássicos:

> A grandeza das penas deve estar relacionada com o estado da própria nação. Mais fortes e sensíveis devem ser as impressões sobre os ânimos endurecidos de um povo que mal acaba de sair do estado selvagem. É preciso o raio para abater o feroz leão que se revolta contra o tiro da espingarda. Mas, à medida que os ânimos se acalmam, no estado de sociedade cresce a sensibilidade e, crescendo esta, deve diminuir a força da pena, se se quiser manter constante a relação entre o objetcto e a sensação. (...) para que toda a pena não seja uma violência de um ou de mais contra um cidadão particular, deve ser essencialmente pública, pronta, necessária, a mais pequena possível nas circunstâncias dadas, proporcional aos delitos, fixada pelas leis (Beccaria, 2017, p. 163).

Nessa luz de pensamentos uma norma penal que não estabeleça uma proporcionalidade entre o fato típico e a pena não deve permanecer vigente no sistema ante uma clara desproporcionalidade, violando a Carta Constitucional, incidindo em excesso ou não, em que o legislador ordinário não laborou com limite e cuidado, não realizando o cotejo necessário entre o bem jurídico protegido e a pena abstratamente cominada.

CAPÍTULO 3

FUNCIONALISMO:
O NOVO SEMPRE VEM

Escreve Victor Hugo (2020, p. 60-61), escritor francês, em sua obra *Os Miseráveis*, que:

> A França revolucionária desrespeita a França histórica, isto é, ela própria. (…) Queremos sempre alguma coisa a proscrever! (…) Não se deve renegar ao passado da pátria nem o presente. Por que não aceitar a História inteira? Por que não amar a França inteira?

É imperioso que, diante da engrenagem evolutiva das realidades sociais, ideias novas surjam a fim de buscar entendimentos para tais perspectivas do prelúdio. E tentar explicar o novo com ideias de outrora nem sempre é muito cativante e propenso a gerar efeitos benéficos.

Na ciência penal, como corolário das ciências humanas e sociais, o mesmo acontece. Por mais que tenhamos um amor, ou predileção, por ideias passadas, "o novo sempre vem". Mas não precisamos renegar o quanto desenvolvido outrora, pois construções são dinâmicas e, dentro de um prédio das ciências, o novo sempre vem para completar o quanto já construído e desenvolvido.

O que podemos é, como nos ensina o magnânimo escritor francês, não desrespeitar o direito penal histórico em favor de um novo direito penal, não revolucionário, mas sim fruto de tudo que foi construído até os dias atuais. Não precisamos proscrever as ideias, escolas, pensamentos passados, mas podemos abarcar a história do pensamento penal como um ciclo ou prédio em perene construção, amando-o inteiro, para que o que há de chegar de novo seja mais um andar nesse belo prédio que se chama direito penal, a fim de obtermos uma melhor aplicabilidade de sua legislação nos moldes como se apresenta e se necessita nos tempos hodiernos, objetivando um melhor desenvolvimento ordeiro da sociedade.

No campo das ideias penais, podemos enxergar esse espírito de completude. Os sistemas são desenvolvidos não para negar os seus antepassados, renegando e destruindo tudo o que foi desenvolvido, mas sim dispostos a complementar os pensamentos desenvolvidos anteriormente e dar seu contributo para uma legitimação e melhor aplicação do sistema penal.

Disso podemos perceber pela própria evolução do entendimento do bem jurídico como forma de entregar legitimidade ao direito penal, bem como da evolução da teoria dogmática do crime.

Na construção da teoria do bem jurídico, desde Beccaria se tentava a busca de um elemento material para a sustentação do conceito de crime e missão do direito penal. Passando por Feuerbach, tendo crime como lesão a um direito e, lançando a pedra fundamental, a ideia de bem jurídico de Birnbaum. Nesse caminhar, no trem da história, Binding, Liszt e Welzel fazem a seu modo a concepção de bem jurídico, sempre agregando elementos na busca por dar maior robustez ao conteúdo material de crime, mas, mesmo fazendo, inicialmente, críticas aos pensamentos de seus antecessores, têm eles como ponto de partida, sem destruir o que eles desenvolveram, mas implementando correções, no modo particular de ver as essências dos institutos.

Com isso, podemos verificar que os sistemas não se excluem totalmente, ao contrário, convivem e se introjetam mutuamente na busca por uma adequação da ciência penal à realidade social existente no determinado período histórico.

É com esse espírito aberto que entramos no estudo do chamado funcionalismo penal, que possui como expoentes os penalistas alemães Claus Roxin e Günther Jakobs, a fim de entendermos como, dentro desse sistema, é observada a dogmática do bem jurídico e o seu fundamento como função do direito penal, legitimando a sua intervenção.

3.1 Funcionalismo: uma nova perspectiva do direito penal

No curso da vida humana, os historiadores dividem o estudo da história em períodos denominados de idades, delimitando o início e o fim de cada período com eventos historicamente considerados de elevada grandeza na mudança do rumo da história e do modo de viver do ser humano.

No estudo da ciência penal, alguns eventos podem ser dados como referencial teórico para a mudança de pensamento e o nascimento de um novo paradigma doutrinário. Na maioria das vezes, isso se dá com a materialização do pensamento do cientista penal por meio da publicação do seu trabalho. Como exemplo, podemos citar a vinda à lume de importantes obras, desde *Dos delitos e das penas*, de Beccaria, bem como a publicação da obra de Welzel, na década de 1930, *O novo sistema jurídico-penal*. Uma introdução à teoria da ação finalista, abrindo as portas do direito penal para as ideias finalistas.

Na década de 1970 ocorre uma nova guinada no pensamento da dogmática penal. A comunidade penal da época se encontrava debruçada sobre o finalismo de Welzel, quando Claus Roxin publica sua obra *Política criminal e sistema jurídico-penal*,[1] lançando ao mundo uma nova era de pensamentos dogmático-penais: o sistema funcionalista do delito (Greco, 2000, p. 211).

Mas o que é o funcionalismo? Existe uma uniformidade de pensamento funcional? Vejamos.

Sobre tal sistema, Callegari e Linhares (2017, p. 100) escrevem que o "funcionalismo é considerado uma nova revolução paradigmática do direito penal que não pode ser atribuída a um só autor".

O funcionalismo penal, antes de ser uma teoria procedimental do injusto, como esclarece Tavares (2019, p. 77), é uma visão filosófica jurídica na qual busca não apenas explicar o sistema jurídico, mas também realizar uma análise conjunta de todo o sistema social. Explica Tavares (2019, p. 18) que:

> O objeto do sistema social é evidentemente a ação humana. O fundamento da análise sistêmica reside justamente no fato de que as ações se veem regidas por expectativas, as quais encontram nos sistemas seus marcos delimitadores, correspondentemente a diversas variáveis, das quais uma delas estaria constituída pelas normas jurídicas.

Nesta visão, o funcionalismo objetiva estudar como funciona o ordenamento (Cavalcante Filho, 2018, p. 35), trabalhando com a ideia de que a sociedade é composta por vários sistemas, que são

---

[1] Título original em alemão: *Kriminalpolitik und Strafrechtssystem*.

referências que delimitarão o comportamento humano, na expectativa de respeitabilidade às normas desses sistemas por todos os demais componentes da sociedade.

Tendo a sociedade como uma rede de comunicações, ela seria composta por vários subsistemas, dentre eles se inseria o jurídico, o político, o religioso etc. O direito, nessa concepção, seria um subsistema, regido por códigos que o tornam funcional, permitindo a identificação dos seus elementos, sendo esse código de conteúdo binário no sentido do lícito/ilícito (Cavalcante Filho 2018, p. 36), ou justo/injusto, pelo qual devam se pautar as decisões judiciais, em que as normas jurídicas serão uma fonte operadora de informação dentro do círculo regulativo no qual está situada dentro desse sistema (Tavares, 2019, p. 79).

Dentro desse sistema funcionalista, duas correntes se destacaram e acabaram por refletir suas influências na seara jurídico-penal: o funcionalismo estrutural de Talcott Parsons e o funcionalismo sistêmico de Niklas Luhmann (Moraes, 2006, p. 100).

A teoria do funcionalismo estrutural de Parsons foi adotada por Claus Roxin para o desenvolvimento do seu funcionalismo teleológico. Enquanto o funcionalismo sistêmico de Günther Jakobs é identificado com o pensamento de Luhmann (Greco, 2000, p. 241).

Com a influência dessas duas correntes de pensamento funcionalista, podemos responder ao questionamento feito anteriormente: não existe um funcionalismo, mas diversos (Greco, 2000, p. 228); veremos seus reflexos dentro da seara do sistema jurídico-penal desenvolverem duas correntes proeminentes.

Não se pode falar, assim, em apenas um funcionalismo no direito penal, sendo diversas as vertentes dessa corrente de pensamento, em que, conforme dito, dois autores despontam como principais representantes desse paradigma (Callegari; Linhares, 2017, p. 100).

Dentro desse cenário é que se bifurcam duas vertentes do pensamento funcionalista inserido no direito penal, não se podendo falar em um único funcionalismo no direito penal (Wedy, 2016, p. 131), no qual dois modos de tratar o funcionalismo serão analisados no presente trabalho, sendo eles: o teleológico, de Roxin, e o sistêmico de Jakobs, seguindo os ensinamentos de Miguel Wedy (2016, p. 131):

> Seria um erro equiparar concepções tão díspares, por exemplo, como as de Roxin e de Jakobs. Há, na verdade, vários funcionalismos, desde um funcionalismo utilitarista de cariz prevencionista geral e especial, estribado na política criminal, um funcionalismo dualista, como

refere Roxin (prevenção geral e prevenção especial positiva), até um funcionalismo monista-normativista, como o de Jakobs. O sistema teleológico político criminal de Roxin é, na realidade, um funcionalismo empírico.

A par dessa dicotomia existente, há um ponto em comum entre ambos os pensamentos funcionalistas. Passam a questionar sobre a utilidade do direito penal: para que serve o direito penal? Nisso busca a funcionalidade, instrumentalidade do direito penal destinada a garantir o funcionamento e a eficácia do sistema social e dos seus subsistemas (Moraes, 2006, p. 102).

A partir da visão funcionalista do direito penal, conforme aduz Prado e Carvalho (2006, p. 68), sendo ele uma instituição direcionada para a obtenção de certas finalidades, o conteúdo e requisitos das suas normas devem ser vocacionados para a consecução desses fins almejados.

Aduz Luís Greco que, com o funcionalismo, se propõe "um novo sistema, fundado sobre uma diferente concepção de direito e Estado, bem como da relação entre direito penal e política criminal" (*In*: Roxin, 2002, nota do tradutor).

Logo, o direito penal deve buscar a realização de seus fins. Qual seria os fins e objetivos do direito penal e qual o meio para a obtenção dessa finalidade e garantir o funcionamento do sistema social?

É justamente nesse ponto que as doutrinas funcionalistas se desprendem e passam cada uma a tomar direções diversas, analisando o modo e com qual finalidade se dará essa instrumentalidade do direito penal na busca da explicação da missão e da legitimidade do direito penal.

Nesse contexto doutrinário, passaremos a analisar a vertente funcionalista de Roxin, sua utilização da política criminal dentro do sistema penal e a sua ótica sobre o bem jurídico como missão e conteúdo legitimador do direito penal, para, em capítulos seguintes, estudarmos a visão sistêmica de Jakobs, a sua visão sobre o deslocamento de legitimidade do direito penal para a vigência da norma e como reflete na concepção sobre a proteção ao bem jurídico penal e suas consequências no desenvolvimento de um direito penal voltado para um inimigo.

3.2 O funcionalismo teleológico de Claus Roxin: direito penal funcional à proteção do bem jurídico

No dia 13 de maio de 1970, na cidade alemã de Berlim, Roxin apresentou o artigo intitulado "Política criminal e sistema do direito penal",[2] que viria a ser um ponto de partida para a divulgação da concepção do seu funcionalismo teleológico (Roxin, 2002, p. 1).

Na obra, o autor expõe a sua ideia de sistema do direito penal a partir da penetração da política criminal na construção do sistema penal, alçando-a a um patamar elevado dentro do sistema (Wedy, 2016, p. 131).

Roxin (2002, p. 11), em seu prefácio à tradução brasileira da referida obra, já expõe os seus objetivos, ao dizer que, no referido livro, tentou

> em oposição aos esforços naturalistas-causais, bem como aos finalistas – teorias que partiam de fundamentos ônticos – sugerir uma concepção normativa, que orientasse o sistema jurídico-penal em pontos de vistas valorativos político-criminais.

E, para a consecução deste fim, entende o autor que o sistema penal deve orientar-se, exclusivamente, pelos fins do direito penal, em que os conceitos penais devem desempenhar funções às quais são destinadas no sistema, a fim de alcançar as consequências justas e adequadas, ou seja, funcionalizadas. Tal justeza e adequação serão obtidas por uma valoração mediante a política-criminal, sendo submetidas à funcionalização (Greco, 2000, p. 229-230).

Nesse sentido, escrevem Callegari e Linhares (2017, p. 101):

> Para alcance desse objetivo de construção desse sistema aberto à valoração político-criminal, defende-se a necessidade de uma ampla normativização dos conceitos da dogmática penal, o que se possibilita pela redução significativa da vinculação desses conceitos a critérios ontológicos.

Em sua lógica, Roxin busca uma superação dos paradigmas do finalismo, objetivando afastar o abstracionismo finalista materializado na visão ontológica do sistema, inserindo uma matriz empírica, afirmando que propõe:

---

[2] Em tradução para o português a obra recebeu o título *Política criminal e sistema jurídico-penal*.

Uma dogmática plena de dados empíricos, que se ocupa das realidades da vida de modo muito mais cuidadoso que um finalismo concentrado em estruturas lógico-reais um tanto abstratas. Mas é verdade que o parâmetro de decisão político-criminal, que seleciona e ordena os dados empíricos jurídicos penalmente relevantes, tem preponderância. Normativismo e referência empírica não são métodos que se excluem mutualmente, mas eles se completam. (Roxin, 2006, p. 63).

E, na tentativa dessa superação abstrata, Roxin busca no neokantismo essa ideia de normativismo de cunho valorativo, mas não fundamentado nos valores culturais (Queiroz, 2015, p. 164), mas sim "na substituição de valoração difusas e não hierarquizadas do neokantismo por valorações político-criminais" na busca pela "consecução dos fins do direito penal dentro do Estado material de direito" (Greco, 2000, p. 221).

Desta feita, os elementos da dogmática penal devem ser pensados dentro do sistema seguindo uma necessidade de valorização, valorização esta que será proporcionada por meio da inserção da política criminal na dogmática penal para que, assim, o direito penal de forma funcionalizada consiga atingir os seus objetivos, permeabilizando o direito penal com o "verniz do social e político" (Wedy, 2016, p. 132).

Para Roxin (2002, p. 20), uma aplicação correta da dogmática penal positivada e a solução mais adequada socialmente ao caso concreto só podem ocorrer com a inserção dos questionamentos valorativos político-criminais.

Nesse sentido, afirma que:

> O caminho correto só pode ser deixar as decisões valorativas político-criminais introduzirem-se no sistema de direito penal, de tal forma que a fundamentação legal, a clareza e previsibilidade, as interações harmônicas e as consequências detalhadas deste sistema não fiquem a dever nada à versão formal-positivista de proveniência lisztiana (Roxin, 2002, p. 20).

Pretende-se proceder, com o funcionalismo, uma união entre a dogmática penal e a política criminal, searas essas que historicamente, desde os tempos de Liszt, foram tratadas de forma setorizada, objetivando a consecução dos fins do direito penal, entendendo que:

> Submissão ao direito e adequação a fins político-criminais não podem contradizer-se, mas devem ser unidas numa síntese, da mesma forma que Estado de direito e Estado social não são opostos inconciliáveis, mas compõem uma unidade dialética (Roxin, 2002, p. 20).

Cabe-nos então passarmos a entender melhor esse processo de coloração da dogmática penal com as tonalidades da política criminal e as consequências de tal entrelaçamento para a doutrina da proteção dos bens jurídicos.

3.2.1 Inserção da política criminal como elemento orientador da dogmática penal

Com a sistematização da ciência penal com Liszt, ocorre uma separação clara da dogmática penal com demais ramos de conhecimento social ligados ao crime, como a criminologia e a política criminal, tendo seu posicionamento em prol do positivismo.

Liszt (2006, p. 1) entende o direito penal como o conjunto das prescrições emanadas do Estado que liga o crime ao fato, tendo a pena como consequência, sendo tarefa do direito penal tratar, com método técnico jurídico, os crimes e as penas como ideias centrais, baseando-se na legislação e desenvolvendo os preceitos legais de modo a formar um sistema completo (Liszt, 2006, p. 2).

Já no que diz respeito à política criminal, Liszt (2006, p. 2) aduz que:

> A esta ciência incube dar-nos o critério para apreciarmos o valor do direito que vigora, e revelar-nos o direito que deve vigorar; cabe-lhe ensinar-nos também a entender o direito à luz de considerações tiradas dos fins a que ele se dirige e a aplicá-lo em casos singulares de conformidade com esses fins.

Dentro dessas análises, observam-se a separação e a impossibilidade de interseção entre a dogmática penal e a política criminal. Esta, para Liszt, tem como objeto a pesquisa empírica de como o direito posto está a ser aplicado e recepcionado no seio da sociedade.

À política criminal, segundo o exposto por Liszt, cabe a análise da fundamentação jurídica ao poder punitivo do Estado vinculado ao estudo dos fins do direito penal. Possui um caráter crítico, pois também cabe a ela realizar uma crítica ao sistema penal vigente, verificando se a pena, imposta ou prevista na legislação, é um meio adequado ao fim que almeja.

Liszt tinha a ideia de que a política criminal é voltada para o delinquente, individualmente considerado (Liszt, 2006, p. 112), devendo, assim, fazer o cotejo entre a pena e as finalidades as quais o sistema almeja alcançar com a sua aplicação.

Nesse sentido, o direito penal era entendido como uma "barreira infranqueável da política criminal", pois, por impedimento da dogmática, a política criminal não poderia se fazer inserir dentro do sistema penal, sendo restrita a um senso crítico do direito vigente; por outro lado, um fator de partida para o desenvolvimento da legislação futura (Liszt, 2006, p. 113).

Quanto ao entendimento de Liszt sobre direito penal e política criminal, Roxin expõe que:

> Neste caráter dúplice de sua recém-fundada "ciência global do direito penal", corporificavam-se, para Liszt, tendências contrapostas. À política criminal assinalava ele os métodos racionais, em sentido social global, do combate à criminalidade, o que em sua terminologia era designado como a tarefa social do direito penal, enquanto ao direito penal, no sentido jurídico do termo, competiria a função liberal-garantística de assegurar a uniformidade da aplicação do direito e a liberdade individual em face da voracidade do Estado "Leviatã" (Roxin, 2002, p. 2-3).

Apresenta assim uma nítida limitação ao poder punitivo do Estado ao ponto de afirmar ser o direito penal "a carta magna do criminoso"; ao impedir a penetração da política criminal na dogmática penal, entende Liszt estar protegendo o criminoso e a sua liberdade individual contra os anseios da coletividade, uma vez que o Estado se encontraria limitado de seu poder de punir mediante a existência das garantias dadas pela lei penal (D'Avila, 2009, p. 20).

A influência de Liszt e seu entendimento sobre a função da política criminal e sua relação com a dogmática penal encontraram eco em doutrinas proeminentes, a exemplo de Aníbal Bruno, dentro da doutrina nacional, que direcionava a política criminal como um conjunto de princípios de orientação do Estado na luta contra a criminalidade, por meio de medidas aplicáveis aos criminosos (*apud* Batista, 2022, p. 34).

Nilo Batista também atribui à política criminal um caráter interpretativo, que, tendo como leque de trabalho um conjunto de princípios e recomendações, influenciará uma reforma ou transformação da legislação criminal futura e dos órgãos encarregados de aplicação da legislação.

Assim, doutrina Batista (2022, p. 33):

> Do incessante processo de mudança social, dos resultados que apresentam novas ou antigas propostas do direito penal, das revelações empíricas proporcionadas pelo desempenho das instituições que integram o sistema penal, dos avanços e descobertas da criminologia, surgem princípios e recomendações para a reforma ou transformação da legislação criminal e dos órgãos encarregados de sua aplicação. A esse conjunto de princípios e recomendações denomina-se política criminal.

Batista, em suas análises sobre o papel da política criminal, difere um pouco da concepção adotada por Liszt, tendo ela, assim, um papel mais amplo, não apenas se preocupando com o delinquente individualmente considerado, ou utilizando-a apenas como "conselheira da sanção penal".

Para ele, a política criminal possui um caráter de influência e orientação para a aplicação da legislação penal em vigor, bem como para a criação e transformação da legislação vindoura. De acentuado caráter empírico, ampliando, sobremaneira, o seu campo de atuação.

Ao longo do tempo, a política criminal foi ampliando seu espectro de atuação, ganhando campo e exercendo sua rede de influências na legislação penal, para além de sua concepção inicial, proposta por Liszt, e acabou por se emancipar e adquirir funções dentro da atividade estatal de combater e prevenir a criminalidade, mas sem perder de foco o asseguramento dos direitos e garantias.

À política criminal, dentro de seu espectro crítico, cumpre propor caminhos para a adoção de medidas preventivas e facilitadoras, tanto na seara administrativa como de execução penal e extrapenais, desenvolvendo planos e estratégias a serem seguidos na busca por uma redução da criminalidade.

Cabendo à política criminal, também, o papel de orientar o legislador quando da necessidade de criminalização de uma conduta, como, ao contrário, descriminalizar ou informar um possível avanço na forma de apenamento de alguns crimes.

É nesse sentir que Miguel Reale Jr. entende a política criminal não só como uma ciência, mas também como uma arte incumbida de

> formular uma estratégia de medidas legislativas, administrativas, sociais, sempre iluminada por ações valorativas, em especial com respeito à dignidade da pessoa humana, para se fazer face à criminalidade, com vistas a defender a sociedade e garantir direitos dos indivíduos frente ao poder-dever de punir do Estado (Reale Jr., 2006, p. 74-75).

Mesmo diante desse aumento significativo do seu campo de atuação, a política criminal, perpassando pelo neokantismo e pelo finalismo, não conseguiu ultrapassar o positivismo e se inserir dentro da dogmática penal a fim de exercer sua influência diretamente na construção e orientação dos institutos jurídicos penais dentro da teoria geral do crime.

Com a publicação do seu trabalho, *Política criminal e sistema jurídico-penal*, Roxin propõe a derrubada dessa barreira, até então intransponível, entre a dogmática penal e a política criminal. No desenvolvimento de sua doutrina, ele busca uma influência de maior magnitude por parte da política criminal dentro da dogmática quando da construção do seu sistema penal, voltado para uma abertura sistemática a fim de possibilitar uma maior interação entre o social e os fins buscados pelo direito penal.

Como já posto, Roxin (2002) entende como o correto deixar as decisões valorativas político-criminais adentrarem no sistema do direito penal, pois, criticando o sistema proposto por Liszt, preocupa-se com decisões contraditórias no sentido de serem corretas dogmaticamente, mas social e política-criminalmente injustas e desarrazoadas concretamente ao caso, aduzindo:

> uma crítica direciona-se contra a espécie de dogmática resultante da dicotomia lisztiana entre direito penal e política criminal: se os questionamentos político-criminais não podem e não devem adentrar no sistema, deduções que dele corretamente se façam certamente garantirão soluções claras e uniformes, mas que não necessariamente ajustadas ao caso. De que serve, porém, a solução de um problema jurídico, que, apesar de sua linda clareza e uniformidade, é político-criminalmente errada? Não será preferível uma decisão adequada no caso concreto, ainda que não integrável no sistema? (Roxin, 2002, p. 7).

E passa com a sua doutrina funcionalista a responder a esses questionamentos críticos a Liszt, com a interação da política criminal com a dogmática penal chegar à decisão mais justa, correta, ao que o caso concreto requer.

Com esse pensamento, Roxin revela uma nova fase da dogmática penal, abrindo as cortinas para o seu funcionalismo teleológico, explicando ele que:

> A ideia de estruturar categorias basilares do direito penal com base em pontos de vista político-criminais permite transformar não só postulados sócio-políticos, mas também dados empíricos e, especialmente,

criminológicos, em elementos fecundos para a dogmática jurídica. Se procedermos deste modo, o sistema jurídico-penal deixará de ser unicamente uma totalidade conceitualmente ordenada de conhecimentos com validade geral, mas abra-se para o desenvolvimento social pelo qual também se interessa a criminologia, que se empenha na explicação e no controle da delinquência. (Roxin, 2006, p. 77-78).

Roxin tenta se afastar de um positivismo desprovido de valor por ele entendido a teoria do ilícito desenvolvida pelo causalismo e pelo finalismo. Assim, ele busca preencher a "alma" da dogmática do crime, recheando-a com um conteúdo valorativo que será buscado nas decisões da política criminal, para assim adentrar na funcionalidade do sistema orientado teleologicamente, ou seja, na consecução dos seus fins.

Com seu pensamento, Roxin busca um sistema eficaz, considerando que o ideal será estruturar as categorias do direito penal, na teoria geral do crime, a partir de uma perspectiva de política criminal que trabalha em conjunto com a dogmática penal, interagindo para que as valorações político-criminais sejam inseminadas na norma (Roxin, 2002, p. 82).

No mesmo sentido, temos o pensamento de Bechara (2014, p. 370) sobre a doutrina de Roxin ao escrever que:

> A vinculação mais marcada entre a política criminal e a dogmática penal é sustentada por Claus Roxin, para quem as exigências de política criminal constituem o fundamento hermenêutico para entender a essência das categorias gerais da teoria do delito, mais do que dogmas elaborados pela ciência penal, correspondem a cristalização necessariamente variáveis de exigências político-criminais, à luz das quais essas categorias poderiam ser inteiramente compreendidas e penetradas pela ciência penal. Roxin marca, assim, uma mudança de rumo, que levou à rejeição de sistemas abstratos, baseados em princípios imutáveis, e à reorientação do Direito Penal a fins sociais.

Cabe, dessa forma, ao cientista penal dogmático identificar a valoração político-criminal que se adequa a cada conceito da teoria do delito, construindo e desenvolvendo para que assim alcance, da melhor maneira possível, a sua função, ou seja, por meio dessa simbiose ocorre uma funcionalização dos conceitos normativos do direito penal (Greco, 2000, p. 236).

Roxin busca uma concretude à sua valoração político-criminal, fugindo de uma espiritualização difusa da valoração neokantiana

(Greco, 2000, p. 237), quando estabelece a ordem constitucional de um Estado democrático de direito, que respeita e promove a dignidade humana e os direitos fundamentais, como ponto de referência para a sua doutrina.

Argumenta ele que "uma política criminal que deseje fundamentar o sistema do direito penal tem de acolher em seu bojo os direitos humanos e de liberdade internacionalmente reconhecidos" (Roxin, 2006, p. 67).

Bem como essa valoração, o preenchimento da norma deve ser feito dentro dos limites da legislação. Não pode se afastar dos fins da norma e do direito penal. Existindo balizas para a sua aplicação que seria a moldura legal.

Roxin sistematiza e reconstrói as categorias dogmáticas – tipicidade, antijuridicidade e culpabilidade –, deixando-as serem iluminadas com o prisma da política criminal e seus dados empíricos, proporcionando uma abertura ao sistema, antes fechado, a fim de realizar a funcionalidade dessas categorias.

E, dentro dessa abertura da dogmática penal, os fins da pena e a concepção do injusto passam a ter uma relevância na sistematização quando da concretização das decisões fundamentais político-criminais haja uma ponderação, equilíbrio entre a necessidade interventiva estatal e a liberdade individual do cidadão.

Daí a inserção da imputação objetiva na seara da tipicidade e nexo de causalidade e a reformulação do conceito de culpabilidade para o de responsabilidade como inserção dos valores político-criminais na dogmática.

Com isso, Roxin se difere do pensamento neokantiano, pois substitui o critério axiológico cultural pelos fundamentos político-criminais e, por outro lado, se diferencia da corrente antecessora, o finalismo, por não mais promover uma limitação ontológica à dogmática, superando o sistema abstrato-conceitual finalista, guiando as categorias penais pelos valores e finalidades fornecidas pela política criminal do Estado social de direito (Callegari; Linhares, 2017, p. 121).

Assim, Roxin (2002, p. 20) conclui vaticinando que:

> O direito penal é muito mais a forma através da qual as finalidades político-criminais podem ser transferidas para o modo de vigência jurídica. Se a teoria do delito for construída neste sentido, teleologicamente, cairão por terra todas as críticas que se dirigem contra a dogmática abstrata-conceitual, herdada dos tempos positivistas. (...)

Uma tal introdução da política criminal no campo jurídico da ciência do direito penal não acarreta a desistência ou relativização do pensamento de sistema, cujos rendimentos para a clareza e segurança jurídica são indispensáveis; pelo contrário, um sistema teleológico como o aqui esboçado deixa transparecer as estruturas internas de determinado ramo do direito, que só podem estar no mundo normativo, de modo muito mais nítido que um sistema de axiomas ou abstrações.

Com essa funcionalização dos conceitos da dogmática, o direito penal deve perseguir o seu fim, desembocando, assim, na sua função de proteção subsidiária de bens jurídicos.

3.2.2 A tarefa do direito penal como proteção de bens jurídicos

Define Greco (2000, p. 235) que "o funcionalismo admite várias interpretações possíveis da realidade, do modo que o problema jurídico só pode ser resolvido através de considerações axiológicas, isto é, que digam respeito à eficácia e à legitimidade da atuação do direito penal".

Cabe entendermos o que legitima a atuação do direito penal a vista do funcionalismo teleológico de Roxin, ante a busca de atingir a sua finalidade.

Roxin parte da ideia de que a autorização para a existência de uma intervenção jurídico-penal, legitimidade, só pode resultar da função social do direito penal (Roxin, 2018, p. 16). E essa função social consiste em:

Garantir a seus cidadãos uma existência pacífica, livre e socialmente segura, sempre e quando estas metas não possam ser alcançadas com outras medidas político-sociais que afetem em menor medida a liberdade do cidadão (Roxin, 2018, p. 16).

O funcionalismo, apregoado por Roxin, orienta a sua dogmática aos fins do direito penal (Callegari; Linhares, 2017, p. 123). Dentro da teleologia funcional, Roxin entende que cabe ao direito penal a proteção, subsidiária, dos bens jurídicos, assumindo que:

O Direito Penal serve, portanto, à proteção subsidiária de bens jurídicos e, consequentemente, está justificado em sua existência quando a convivência pacífica e materialmente segura dos cidadãos somente pode ser preservada por uma ameaça punitiva (Roxin, 2007, p. 8).

A subsidiariedade de atuação do direito penal é uma característica adotada por Roxin, a fim de dar legitimidade ao sistema penal, pois, se há outros meios menos evasivos à liberdade e eficazes de combater uma violação a bens jurídicos, tal mecanismo deve ser empregado antes da efetiva ativação do direito penal.

Sobre a função do direito penal e sua legitimação como protetor dos bens jurídicos, Roxin chega ao pensamento de que:

> A proteção de bens jurídicos não só governa a tarefa político-criminal do direito penal, mas também a sistemática da teoria do injusto. O direito penal protege, no marco do alcance de seus tipos penais, os bens jurídicos frente aos riscos não permitidos. Por isso, a proteção de bens jurídicos e a teoria da imputação objetiva são componentes irrenunciáveis num processo social de ponderação da matéria correspondente à proibição (Roxin, 2018, p. 61).

Partindo dessa premissa, Roxin trabalha com a ideia clássica de bem jurídico penal, sendo ele um mecanismo crítico e limitador da intervenção penal, e o faz inserindo, na tipicidade, elementos de política criminal, por meio do elemento do risco e da sua doutrina da imputação objetiva.

Pela teoria da imputação objetiva, o tipo penal é renormatizado. Dentro de uma perspectiva de prevenção, o direito penal só possui legitimidade quando proíbe ações ditas perigosas para o bem jurídico, sendo consideradas atípicas condutas que não sejam dotadas de um mínimo de periculosidade, ou seja, não gerem riscos relevantes ao bem jurídico (Greco, 2000, p. 250).

Ou, nas palavras do próprio Roxin (2018, p. 40),

> a teoria da imputação objetiva decorre inexcusavelmente do princípio de proteção de bens jurídicos (...). Querendo o direito penal proteger bens jurídicos contra os ataques humanos, isto só será possível na medida em que o direito penal proíba a criação de riscos não permitidos e, ademais, valore a infração na forma de uma lesão do bem jurídico, como injusto penal. Portanto, ações típicas são sempre lesões de bens jurídicos na forma de realização de riscos não permitidos, criados pelos homens.

Logo, "consistindo a missão do direito penal na proteção de bens jurídicos, então o injusto penal deve manifestar-se como menoscabo de um bem jurídico, isto é, como lesão ou colocação em perigo de um bem jurídico" (Roxin, 2018, 39), e que essa "lesão surja como consequência da criação de um risco não permitido e da realização deste risco no resultado" (Greco, 2000, p. 251) como requisitos de aplicabilidade à imputação objetiva.

Então a legitimação do direito penal se faz quando ele assume e realiza o seu papel de protetor de bens jurídicos. E a inserção de valores na dogmática penal, com elementos empíricos da política criminal, com a ideia de risco não permitido, na tipicidade, faz com que o direito penal atinja sua função, logo, sua funcionalidade dentro do sistema social.

O entendimento de Roxin sobre o bem jurídico está intimamente ligado ao sistema social, à política criminal. Para ele, um bem jurídico será aquele que se mostre útil para o desenvolvimento do indivíduo e para o sistema social, de sorte que sua concepção material de injusto será a lesão desses bens jurídicos úteis para o indivíduo e para a sociedade.

Roxin equilibra o sistema penal trazendo para ele, junto com a orientação por fins político-criminais, uma aproximação da realidade. A sociedade hoje, de risco, é característica para o desenvolvimento da própria comunidade, é inerente essa concepção de que a "vida seja um risco", pois as atividades humanas hodiernas geram, de forma natural, essa colocação em risco iminente de vários bens jurídicos penalmente protegidos.

Porém, para a legitimação da atuação do direito penal, por meio da configuração da tipicidade, se faz necessário o preenchimento dos requisitos da imputação, criação de um risco não permitido e a concretização desse risco não permitido no resultado, gerando a lesão ou o perigo de lesão ao bem jurídico.

Observa-se, dessa forma, que, mesmo desenvolvendo novos critérios dentro da teoria do injusto penal, somando-se aos já desenvolvidos anteriormente pelo causalismo e finalismo, Roxin não abandona a teoria de proteção exclusiva de bens jurídicos, permanecendo como conteúdo material do delito a necessidade do bem jurídico penalmente protegido.

E, nessa sustentação da função do direito penal como protetor de bens jurídicos, encontra-se uma relevância humanista da proposta de Roxin, conforme nos orienta Wedy (2016, p. 134), a dizer que:

> A concepção de Roxin tem uma premência humanista, pois sustentada numa construção teórica de direito penal que pugna pela proteção dos bens jurídicos mais relevantes, por outro, permitiu surgimento de adaptações funcionalistas com graves problemas de legitimação material e constitucional.

Assim, observa-se que Roxin se refere à principal função do direito penal, também como a de evitar a criação de riscos não permitidos para o indivíduo e para a sociedade, construindo a concepção político-criminal do injusto direcionado à proteção dos bens jurídicos, a partir da construção da teoria da imputação objetiva.

A teoria da imputação objetiva direciona o caminho necessário para o cumprimento da função do direito penal, ou seja: "a proibição da criação de riscos não permitidos para os bens jurídicos tutelados e a responsabilização do autor nos casos de realização desse risco em um resultado lesivo" (Callegari; Linhares, 2017, p. 125).

Ressalta, em tal concepção funcionalista de Roxin, um compromisso com a ideia de bem jurídico, bem como uma preocupação com os interesses do cidadão (Wedy, 2016, p. 137), na qual essa construção teleológica dos dogmas da teoria do ilícito se faz com a função constitucional do direito penal, qual seja, a proteção dos bens jurídicos.

Como sintetiza Wedy ao afirmar que se deve destacar é a

> qualidade e a bondade da concepção de Roxin, quando afirma que o direito penal protege (ou deveria proteger, diríamos), no marco de alcance de seus tipos penais, os bens jurídicos frente aos riscos não permitidos, e que a proteção de bens jurídicos não só governa a tarefa político-criminal do direito penal, mas também a sistemática da teoria do injusto.

Roxin vocaciona a funcionalidade do direito penal à proteção dos bens jurídicos, deduzindo de uma concepção constitucionalista e democrática de bem jurídico na busca por uma vida socialmente pacífica entre os cidadãos, em que o direito penal atuará de forma subsidiaria na proteção desses bens.

Mas qual o instrumento para a coerção dos cidadãos a fim de que não incidam na conduta criminosa, não infringindo o bem jurídico? É necessário que o Estado, no uso do direito penal, exerça algo de coercitivo como responsabilização pelo cometimento do crime, posto que apenas criminalizar condutas seria ineficaz à proteção, logo a finalidade do direito penal não seria atingida.

Assim, Roxin também estrutura teleologicamente, funcionalizando a teoria da pena para poder municiar e legitimar o Estado na busca de responsabilização dos autores do fato criminoso, exercendo a teoria da pena, uma importante função para a consecução dos fins do direito penal: a proteção dos bens jurídicos.

3.2.3 A questão dos objetivos da pena e a sua eficiência na proteção dos bens jurídicos

O direito possui o seu caráter coercitivo. Para poder fazer valer os seus preceitos e atingir a pacificação social, o qual é seu fim, precisa se valer de alguma forma para impor as suas decisões. A justa medida da balança necessita da força da espada para submeter a decisão da justiça às partes envolvidas.

O direito penal, ramo do direito com maior poder de ingerência no campo das liberdades individuais do cidadão, também tem o seu método para impor as suas decisões, obrigando o autor da ação criminosa a responder pelos seus atos.

Essa coação, prévia e legal, que exerce o direito penal, é a pena, na qual, costumeiramente, se explica como um mal necessário aos que infringiram os seus preceitos, ofendendo ou colocando em perigo os bens jurídicos penalmente tutelados.

Por meio da ameaça de aplicação da pena, e pela própria aplicação dela, várias finalidades lhe são atribuídas. Tem a ideia de pagamento do mal pelo mal cometido com o crime, seu caráter retributivo. Tem sua concepção de evitar o cometimento de novos crimes, tanto pelo autor que já cometeu como por terceiro, de forma geral, sendo o caráter de preventivo da pena. Também, em uma índole mais humana, possui a sua natureza de ressocializar o criminoso, para que, após o cumprimento da pena, ele possa voltar ao convívio no seio da sociedade de forma plena, apto a exercer o seu papel de cidadão.

A pena, como consequência jurídica do crime, também se volta à finalidade protetiva do bem jurídico, tendo em vista as suas finalidades, mesmo que em uma perspectiva futura, haja vista que, no final, ela visa à prevenção do crime, logo busca que os bens juridicamente protegidos não sejam ofendidos ou postos em perigo.

Diversas são as funções exercidas pela coerção penal a partir do desenvolvimento da teoria da pena. Porém, Roxin, com o desenvolvimento do seu funcionalismo teleológico, passa a funcionalizar, também, as concepções da pena, exigindo delas a capacidade de desempenhar um papel "acertado no sistema, alcançando consequências justas e adequadas" (Greco, 2000, p. 230).

E, para Roxin, o que se entenderia por consequências justas e adequadas da pena para proteger, ao final, os bens jurídicos, com base em sua doutrina funcionalista teleológica, desenvolvida para atender aos fins do direito penal? Isso que analisaremos.

Informa-nos Callegari e Linhares (2017, p. 126) que "a teoria da pena detém importância fundamental na corrente funcionalista". No mesmo sentido, desenvolve Greco (2000, p. 229), ao afirmar que, dentro do sistema funcionalista teleológico, a missão constitucional do direito penal, a proteção dos bens jurídicos, ocorrerá, dentro da perspectiva da teoria da pena, por meio da prevenção geral e especial, aduzindo que:

> A teoria dos fins da pena adquire, portanto, valor basilar no sistema funcionalista. Se o delito é o conjunto de pressupostos da pena, devem ser estes construídos tendo em vista suas consequências, e os fins desta. A pena retributiva é rechaçada, em nome de uma pena puramente preventiva, que visa a proteger bens jurídicos ou operando efeitos sobre a generalidade da população (*prevenção geral*), ou sobre o autor do delito (*prevenção especial*) (Greco, 2000, p. 230, grifos do autor).

Com a ocorrência do delito e estando preenchidos todos os seus pressupostos, tipicidade, antijuridicidade e culpabilidade (ou responsabilidade na doutrina de Roxin), a consequência que se impõe é a aplicação da pena. Não mais no sentido retributivo, puro e simples, o mal pelo mal. A pena ganha uma valoração político-criminal humanizada, na busca de uma efetividade de melhor proteção do bem jurídico penal, pois punir por punir não é o foco, mas sim a prevenção é o eixo rotor que orienta a aplicação da pena. Com isso busca focar o autor do fato, individualmente, bem como toda a sociedade, visando a um efeito social da pena, consistente em sua funcionalização, qual seja: prevenção para a proteção dos bens penalmente protegidos.

Tal é o entendimento de Roxin, para quem "a pena só está legitimada quando ela se mostrar, simultaneamente, um meio necessário para a obtenção da tarefa protetiva de prevenção que assiste ao direito penal" (Roxin, 2006, p. 99). Ao desempenhar tal função é que dará sustentação à aplicação da pena em seu sistema funcionalista do direito penal.

A punição só se justifica se existir um caráter preventivo para a aplicação da pena. Caso não persista essa exigência preventiva, a penal deixa de ser exigível, posto que não pode ser aplicada baseada exclusivamente por critérios utilitaristas, em nítida inclinação à teoria retributiva da pena (Roxin, 2006, p. 98).

A pena não pode ser desvinculada do seu ponto de vista preventivo, dentro dessa vinculação, Roxin faz a construção de sua concepção de responsabilidade, em que, inserida na estrutura do delito na culpabilidade, fundamentando-a a partir de uma dupla limitação do direito estatal de punir, uma por meio da comprovação da culpabilidade do autor e outra pela necessidade preventiva da punição, concluindo que:

> Se faltar um destes dois pressupostos, ficará excluída a punibilidade. Esta conclusão decorre da teoria dos fins da pena, segundo a qual a pena não pode ser fundamentada nem pela culpabilidade, nem por sua finalidade preventiva, tomadas separadamente, pois a pena pressupõe, para ser legítima, tanto a necessidade social (isto é, preventiva) quanto uma reprovação pessoal do agente pela existência da culpabilidade (Roxin, 2006, p. 74).

Entende o autor que, aplicando a pena, unicamente com base na culpabilidade, é uma aplicação dos fins retributivos da pena, que não atende a uma função político-criminal preventiva, posto que visa apenas à compensação da culpa do infrator. É preciso que a pena seja também necessária do ponto de vista da prevenção. Com a aplicação da pena, deve-se ter projetado que será necessária para a prevenção de novas ofensas ao bem jurídico, conglobando, assim, a ideia da responsabilidade para o referido autor, conforme explicação dele:

> Se a pena pressupõe culpabilidade, mas também uma necessidade preventiva de punição, é uma consequência necessária desta concepção de fins da pena que também os pressupostos da punição devam ser medidos com base nesta premissa. A categoria do delito que se segue ao ilícito deve, portanto, tomar por objeto, além da culpabilidade, também a necessidade preventiva do sancionamento penal, englobando as duas sob o conceito de "responsabilidade" (Roxin, 2006, p. 89).

Para o entendimento da responsabilidade penal é necessária a coexistência desses dois requisitos: a culpabilidade do autor e a necessidade preventiva da pena, sendo ela a geral ou a especial.

Nesse sentido, a responsabilidade poderá ser conceituada como uma avaliação que recairá sobre o autor do fato, sopesando se ele merece ser punido, que se fundamentará na existência da sua culpabilidade e, também, na necessidade preventiva da pena (Callegari; Linhares, 2017, p. 133).

Assim, a culpabilidade desempenha uma função delimitadora da pena a partir das considerações de prevenção geral e especial (Roxin, 2002, p. 31).

Aduz Greco (2000, p. 232) sobre o conceito de prevenção geral especial que se trata daquela que atua sobre a pessoa do delinquente, objetivando ressocializá-lo, em sua vertente positiva, ou, na melhor das hipóteses, impedir que cometa novos delitos enquanto estiver no cumprimento da pena, do ponto de vista negativo.

Já no que diz respeito à prevenção geral, esta também possui seu viés positivo, que se caracteriza pelo reflexo dos efeitos da pena sobre a sociedade, composta pelos sujeitos respeitadores do direito, que miram sua confiança na preservação dos bens jurídicos por elas protegidos. Já a negativa se inclina para os criminosos em potencial, desestimulando-os ao cometimento dos crimes, com a aplicação da pena (Greco, 2002, p. 230).

São as visões positivas das funções preventivas, geral e especial, que pautarão a ideia da pena para a doutrina funcionalista penal de Roxin, pois,

> a finalidade da pena apenas pode ser preventiva (tanto especial quanto geral, preocupada preponderantemente com a reinserção social do delinquente e com o fortalecimento da consciência jurídica da coletividade), para Roxin, pois, se considerado o Direito Penal como um instrumento de controle e ordenação social, ele apenas pode se voltar à persecução de necessidades sociais não encontradas na teoria retributiva (Callegari; Linhares, 2017, p. 128).

Logo, a melhor política criminal dentro dessa funcionalização da pena seria uma, tanto maior quanto possível, aproximação dessas finalidades da pena, prevenção geral e especial, gerando uma integração social conjuntamente com a limitação da pena em um Estado democrático de direito. Afastando a ótica retributiva da pena.

Escanteando o caráter retributivo da pena, Roxin coloca a proteção a bens jurídicos em um patamar de destaque também, na teoria da pena, posto que em sua finalidade preventiva se torna sagaz na adequação a esse objetivo, refletindo os efeitos na coletividade, fortalecendo a sua consciência jurídica, bem como em relação ao infrator que, com sua ressocialização, buscará adequar suas condutas futuras a uma correição comportamental à norma penal na busca da não mais ofenda os bens jurídicos tutelados.

Ao fim, ao cabo, o bem jurídico, dentro desta concepção sairá fortalecido e protegido, alcançando, o direito penal, em toda a sua complexidade (crime e pena) a sua finalidade.

CARLOS AUGUSTO MACHADO DE BRITO

Diferente, como veremos, será a concepção de pena para Jakobs, o qual, como já afirmamos, comunga com o início das ideias funcionalistas de Roxin, possuindo um mesmo ponto de partida, porém divergem no roteiro a ser seguido concluído de forma diversa sobre a função do direito penal e a finalidade da pena.

Sigamos para explorar tal entendimento após analisarmos às críticas postas em oposição ao funcionalismo teleológico de Roxin.

3.3 Críticas ao sistema teleológico de Roxin

Nada é tão bom que não seja imune de críticas. Dentro das ciências do conhecimento humano, a evolução parte dos ciclos do desenvolvimento das teses, antíteses e sínteses, para assim serem fortalecidas e se colmatarem ao desenvolvimento social que sempre se avizinha.

O funcionalismo proposto por Roxin também não passa despercebido das críticas. Desde o surgimento, os contemporâneos lançaram mão de tecer seus comentários sobre fragilidades e defeitos quanto à concepção desenvolvida por Roxin. Não se furtado ele de rechaçar tais pensamentos.

Já no posfácio da edição brasileira do seu livro *Política criminal e sistema jurídico-penal*, ele elenca algumas críticas levantadas contra os seus pensamentos do funcionalismo teleológico. Elenca que Günter Stratenwerth aponta reservas contra sua tese fundamental, em especial no que se refere à interação entre política criminal e dogmática penal e que Dreher tece críticas sobre seus estudos no que diz respeito à categoria dos fins da pena.

Diz Roxin que Stratenwerth admite que dentro da dogmática penal existem decisões valorativas, concordando com ele, porém divergindo no sentido de que tais decisões não são, especificamente, político-criminais. Entende Stratenwerth que a política criminal só tem a ver com as reações jurídico-penais necessárias ou úteis para o combate da criminalidade, aduzindo que o princípio da legalidade não induz a nenhuma finalidade político-criminal, mas sim induz a um obstáculo à persecução penal (Roxin, 2002, p. 90).

Assim escreve D'Avila ao explicar a crítica de Stratenwerth à teoria de Roxin:

> Como bem observa, se temos por referência a ideia de política criminal como reação jurídico-penal voltada ao combate da criminalidade, é

preciso concluir pela ausência de função especificamente político-criminal do princípio *nullum crimen*, o qual pode representar, muitas vezes, um verdadeiro estorvo na persecução de certos comportamentos. Do mesmo modo, em que pese ser a ilicitude um espaço de decisão acerca de conflitos de valores, está longe de poderem ser estes reduzidos a interesses de natureza meramente político-criminal (D'Avila, 2009, p. 23).

Roxin, em resposta a tal crítica, afirma que Stratenwerth "está apresentando é a concepção dualista de Liszt" (Roxin, 2002, p. 90), a barreira intransponível do direito penal à política criminal. Aduz que é exatamente isso, a dualidade, a barreira que ele, Roxin, quer superar com o seu pensamento.

No que diz respeito à crítica de Dreher, este afirma que a teoria dos fins da pena, propugnada por Roxin, é um "retorno a uma cláusula geral", em que se pode, ante tal generalidade, abertura "fazer tudo, da mesma forma que nada" (*apud* Roxin, 2002, p. 95). Ou seja, tudo cabe dentro dessa clausula geral da responsabilidade conjugada com a teoria dos fins da pena, tanto uma punibilidade exacerbada como uma possível impunidade ao autor do fato criminoso.

Para tal opinião, Roxin (2002, p. 95) a repele argumentando que:

> É óbvio que não se poderá afirmar a exclusão da culpabilidade, simplesmente porque o juiz, no caso concreto, deseja negar o merecimento da pena. Interessa-me, isso sim, interpretar as regras legais ou costumeiras de exclusão da culpabilidade partindo da *ratio* que as fundamenta.

Observado, *prima facie*, tais julgamentos, podemos perceber que o alvo de tais críticas ao pensamento de Roxin é a supervalorização que ele oferta à política criminal dentro do sistema penal, seja na teoria do crime ou na teoria da pena, em detrimento de uma normatividade penal, fazendo um preenchimento que poderá, a depender da política adotada, levar a balança da justiça a pender para qualquer lado, seja da punibilidade excessiva ou da impunidade. O que pode ser preocupante, mesmo que o propósito de Roxin seja os melhores possíveis.

A crítica hodierna se encontra na proeminência dada à política criminal dentro desse sistema, o que abriria demais a dogmática, fragilizando a sua normatividade.

Trata-se da problemática de delimitar o que seria de fato o campo de atuação da política criminal. Levantam-se, inicialmente, as críticas, a uma demasiada amplitude ao conceito de política criminal no objetivo de obtenção da resolução de problemas, com uma consequente funcionalização da concepção de crime e a defesa de um direito penal normativo (Wedy, 2016, p. 234).

Roxin, não desconhece tais proposições desenvolvidas contra sua ideia de interação entre política criminal e dogmática penal. Elenca ele três objeções às suas proposições, que seriam: primeiramente, por ser muito indeterminada, possibilitando, em segundo lugar, o arbítrio estatal e, por fim, tal entrelaçamento seria estranho ao direito positivo ou à sua dogmática e sistemática (Roxin, 2006).

E explica, na tentativa de afastar as críticas, nos seguintes termos. Quanto à primeira objeção, a indeterminação da política criminal a ser utilizada assevera que:

> No que concerne à crítica da indeterminação, é evidente que o intérprete não pode impor a sua própria política criminal àquela que subjaz ao direito vigente. Sua tarefa é muito mais trazer à tona as intenções político-criminais do legislador, a serem extraídas do ordenamento jurídico e principalmente do Código Penal, e aproveitá-las no trabalho interpretativo. (Roxin, 2006, p. 64).

No que se refere à segunda crítica, sobre a possibilidade de abertura a um possível arbítrio estatal, ele tenta afastar esse pensamento aduzindo que nem mesmo outros tipos de entendimento da dogmática penal podem afastar essa possibilidade de arbitrariedade estatal, alegando que o único instrumento que pode exercer uma defesa contra um possível excesso estatal seria a insistência em direitos humanos e de respeitabilidade às liberdades e garantias invioláveis já consolidadas nos Estados, de modo que "o seu respeito e sua realização efetiva são cogentes para qualquer dogmática penal que argumente político-criminalmente" (Roxin, 2006, p. 66).

Concluindo que uma política criminal que deseje fundamentar o sistema do direito penal tem de acolher em seu bojo os direitos humanos e de liberdade internacionalmente reconhecidos (Roxin, 2006, p. 66).

Quanto à terceira proposição contra o seu posicionamento, ou seja, a diversidade disciplinar e dissonâncias existentes entre a dogmática penal e a política criminal, passa a defender que ambas não se excluem, afirmando que "fidelidade à lei e criatividade dogmática e político-criminal não se excluem de modo algum" (Roxin, 2006, p. 68).

Para ele, a dogmática penal possui um ponto de partida e esta é a decisão político-criminal desenvolvida pelo legislador quando da elaboração da norma penal, cabendo à dogmática concretizar e desenvolver essa política estabelecida. Descreve que, dessa forma, existe uma relação de auxílio entre o estudioso e aplicador do direito penal e o legislador, sendo aquele quem auxilia este a realizar, concretamente, quando da aplicação concreta da lei ao caso, a sua intenção. Entende que cabe ao dogmático penal "levar adiante as ideias básicas do legislador, chegando a conclusões que correspondam à sua vontade, sem que o legislador as tenha conscientemente visto" (Roxin, 2006, p. 68).

Ao que parece, nesse entendimento de Roxin, o aplicador do direito penal, nesse auxílio prático ao legislador quando da aplicação da lei ao caso concreto, deve exercer um verdadeiro trabalho espiritual, ao tentar trazer ao mundo físico essas ideias básicas que o legislador inconscientemente tenha colocado na legislação. O que, em nosso modesto pensar, só aumentaria uma insegurança jurídica na aplicação da lei, tendo em vista uma possibilidade de não uniformização e entendimento do que seria essa política criminal não vista conscientemente pelo legislador.

Também é o entendimento crítico de Jesús-María Silva Sánchez (*apud* Callegari; Linhares, 2017, p. 148) ao escrever que falha o pensamento funcionalista ao ambicionar a construção de um modelo contrário às pretensões científicas da dogmática penal, acabando por produzir maiores inseguranças em razão da flexibilização do sistema ante a conjugação com a política criminal, podendo levar a uma sobreposição da política criminal em detrimento da dogmática.

Dessa forma, parece-nos que, a par de tais defesas de seu pensamento, Roxin não satisfaz os seus críticos com as suas explicações. Ao contrário, permanece seguir a mesma linha, tentando defender o que já fora rebatido pelas posições adversas.

D'Avila, quando inicia seu proceder crítico ao pensamento funcional de Roxin, primeiro relata uma indiscutível correção do referido pensar quando diz que a normatividade penal está, sim, embasada em decisões valorativas que são orientadas por princípios reitores, partindo do mesmo pensamento do que anteriormente indicado por Stratenwerth. Porém, levanta a dúvida de quais seriam esses critérios orientadores em que a normatividade penal deveria encontrar orientação: se seriam exclusivamente político-criminais ou apenas encontram na política criminal sua maior expressão (D'Avila, 2009).

E, com esse arranque, passa a tecer as críticas ao pensamento funcional de Roxin em especial, levantando dúvidas à delimitação daquilo que se deve entender como política criminal e o seu limite de influência na dogmática penal.

Em primeiro lugar, destaca D'Avila um erro metodológico no pensamento de Roxin ao se surgir contra sistemas teóricos de cunho puramente conceituais, sem nenhum posicionamento valorativo, axiológico, que acaba por desaguar em um formalismo extremo. Porém, com a sua inserção da política criminal nesse sistema, objetivaria justamente hidratá-lo com os valores dessa política para, ao cabo, proporcionar forma, sentido e orientação a essa normatividade, retirando-lhe seu aspecto formalista. Mas é nesse proceder que Roxin comete seu equívoco metodológico incidindo, justamente, no mesmo erro que tenta corrigir.

Assim argumenta D'Avila (2009, p. 25):

> Se os princípios reitores da dogmática penal, se os critérios axiológicos que lhe devem servir de base já não mais estão na normatividade, mas na política criminal, encontrando, daí, apenas e exclusivamente nela, a orientação axiológica capaz de lhe conduzir, de forma ajustada, aos parâmetros de um Estado democrático e social de Direito, o que então resta à normatividade? Ao seu espaço próprio, não sobram senão conceitos vazios de sentido, incapazes de encontrar qualquer aplicação que fuja ao indesejado silogismo formalista. Apenas uma compreensão de normatividade nesses termos dá sentido à sugerida síntese dialética com um conceito de política criminal dimensionado nos termos em que faz Roxin, vale dizer, apenas a exata compreensão de normatividade tida como e combatida por manifestamente inaceitável. Uma normatividade incapaz de encontrar, em si mesma, sentido, função e orientação axiológicos, suficientemente consistentes.

Logo, se o que Roxin queria era dar preenchimento valorativo aos conceitos normativos do direito penal com a intenção de utilizar a política criminal como esse, digamos, recheio, não conseguiu, posto que a normatividade continuará vazia de conteúdo com a utilização única e exclusiva da política criminal, uma vez que o conteúdo valorativo será dela, e não do sistema dogmático penal.

Esse problema surge, justamente, do que antes já foi citado, ou seja, a excessiva amplitude que Roxin concebe à política criminal para a resolução dos problemas penais. Roxin critica a tomada de decisões dogmaticamente corretas, mas político-criminalmente desajustadas (2002, p. 17); de outro lado, com essa amplitude por ele buscada, não se pode aceitar, da mesma forma, uma decisão político-criminalmente correta, mas dogmaticamente falha.

Isso porque em algum momento poderá ocorrer um conflito, tensão entre a política criminal e a dogmática, tendo em vista que possuem autonomia e campos de atuação diversos, sendo errônea a ideia de que seja imprescindível ao direito penal a política criminal como uma necessária simbiose na busca de seu conteúdo axiológico. Pois, como afirma D'Avila (2012, p. 280):

> Em verdade, isso é um equívoco metodológico de algumas concepções funcionalistas, na medida em que pressupõe justamente o que pretende superar, ou seja, pressupõe uma dogmática penal desprovida de referenciais valorativos, restrita a um sistema silógico-formal.

Com essa excessiva abertura proporcionada pela política criminal à dogmática penal, acaba por gerar um esfarelamento conceitual aos dogmas penais, em que poderão ser preenchidos ao sabor da política criminal em voga, perdendo assim a sua função orientadora para a resolução de casos concretos.

Logo, resta saber, como questiona D'Avila (2009, p. 26), "qual o limite, se é que exista algum, para o reconhecimento de um valor como critério político-criminal" a ser utilizado em conjunto com a dogmática penal.

Nessa mesma rota, critica Bechara (2014, p. 373-374), que direciona a sua opinião para entender qual tipo de política criminal irá se utilizar a fim da consecução dos fins e interesses, entendendo "maleável" e, dependendo da vontade estatal, a política criminal poderá se fundamentar em uma benesse ao cidadão ou terminar por usurpar direitos e garantias fundamentais, aduzindo que:

> A dogmática penal não pode, portanto, estar acima do tempo e do espaço, para o fim de utilizada como instrumento asséptico em qualquer Estado, independentemente de suas características políticas, sociais culturais e econômicas. O mesmo ocorre com a política criminal. Trata-se, então, de saber de que política criminal se fala. Se de uma coerente com os valores do Estado de direito, a democracia e o respeito aos direitos humanos, ou de uma baseada na manutenção das desigualdades sociais, os privilégios de alguns poucos à custa da maioria, a superioridade de raças ou grupos, a instrumentalização do ser humano ao serviço de valores coletivos ou estatais, ou a negação dos direitos humanos fundamentais como já ocorreu em muitos Estados totalitários e ainda ocorre em tantos outros.

Percebe-se um prejuízo do pensamento de Roxin à densificação da normatividade dos dogmas e princípios penais, promovendo, conforme alerta Deodato (2012, p. 168), um perigoso esvaziamento dos conceitos dogmáticos ao tentar obter uma funcionalização deles ao se verem absorvidos pelos fins da política criminal.

Observando-se mais um equívoco por parte do pensamento de Roxin, que é citado por D'Avila (2009, p. 32), qual seja, a inversão lógica do pensamento penal, tomando, primeiramente, como ponto de partida, a política criminal para depois chegar ao quanto estabelecido normativamente pela ciência penal. Há uma inversão da lógica, popularmente poderíamos dizer que Roxin coloca o "carro na frente dos bois".

Isso porque, para questionar a respeito da política criminal a ser aplicada, sua adequação e utilidade, é necessário, de forma prévia, proceder a um juízo sobre a legitimidade da normatividade penal. Inverter essa lógica gerará riscos à saúde do sistema penal em um Estado que se diga social e democrático de direito.

Uma vez que, por melhor que seja a intenção do legislador, ou do aplicador do direito, jamais uma suposta decisão político-criminal poderá ser adjetivada de correta se dogmaticamente a decisão não estiver legitimada pelo quanto determinado pela dogmática constitucional penal. A exemplo, para, apenas ilustrar, se um Tribunal Constitucional de um determinado país criminalizar uma conduta, por meio de uma analogia, quando violadora de direitos de uma minoria vulnerável.

> EMENTA: AÇÃO DIRETA DE INCONSTITUCIONALIDADE POR OMISSÃO – EXPOSIÇÃO E SUJEIÇÃO DOS HOMOSSEXUAIS, TRANSGÊNEROS E DEMAIS INTEGRANTES DA COMUNIDADE LGBTI+ A GRAVES OFENSAS AOS SEUS DIREITOS FUNDAMENTAIS EM DECORRÊNCIA DE SUPERAÇÃO IRRAZOÁVEL DO LAPSO TEMPORAL NECESSÁRIO À IMPLEMENTAÇÃO DOS MANDAMENTOS CONSTITUCIONAIS DE CRIMINALIZAÇÃO INSTITUÍDOS PELO TEXTO CONSTITUCIONAL (CF, art. 5º, incisos XLI e XLII) – a ação direta de inconstitucionalidade por omissão como instrumento de concretização das cláusulas constitucionais frustradas, em sua eficácia, por injustificável inércia do poder público – a situação de inércia do estado em relação à edição de diplomas legislativos necessários à punição dos atos de discriminação praticados em razão da orientação sexual ou da identidade de gênero da vítima – a questão da "ideologia de gênero" – soluções possíveis para a colmatação do estado de mora inconstitucional: (a) cientificação ao congresso nacional quanto ao seu estado de mora inconstitucional e (b) enquadramento imediato das práticas de homofobia e de transfobia, mediante interpretação conforme (que não se confunde com exegese fundada em

analogia "in malam partem"), no conceito de racismo previsto na lei nº 7.716/89 – inviabilidade da formulação, em sede de processo de controle concentrado de constitucionalidade, de pedido de índole condenatória fundado em alegada responsabilidade civil do estado, eis que, em ações constitucionais de perfil objetivo, não se discutem situações individuais ou interesses subjetivos – impossibilidade jurídico-constitucional de o Supremo Tribunal Federal, mediante provimento jurisdicional, tipificar delitos e cominar sanções de direito penal, eis que referidos temas submetem-se à cláusula de reserva constitucional de lei em sentido formal (CF, art. 5º, inciso XXXIX) (...) o Poder Judiciário, em sua atividade hermenêutica, há de tornar efetiva a reação do estado na prevenção e repressão aos atos de preconceito ou de discriminação praticados contra pessoas integrantes de grupos sociais vulneráveis – ação direta de inconstitucionalidade por omissão conhecida, em parte, e, nessa extensão, julgada procedente, com eficácia geral e efeito vinculante – aprovação, pelo plenário do Supremo Tribunal Federal, das teses propostas pelo relator, MINISTRO CELSO DE MELLO. (ADO 26; Relator Min. Celso de Mello; Julgamento: 13 de junho de 2019; publicado em 06 de outubro de 2020; DJE nº 243).

À primeira vista seria uma política criminal em prol dos direitos humanos; por outro lado, estaria a declarar pena de morte a princípios penais constitucionalmente importantes e consagrados como verdadeira garantia, a exemplo do princípio da legalidade. Logo tal conduta não pode ser aceita.

Nesse sentido é que ensina D'Avila (2012, p. 278), ao afirmar que:

> O que se pretende destacar é que, antes de questionar da utilidade político-criminal de determinadas medidas de natureza penal, deve-se questionar acerca da sua legitimidade/validade jurídico-penal e jurídico-constitucional. (...) Todo e qualquer interesse só pode ser perseguido por meio de leis penais se estiver nos limites da legitimidade da normatividade penal e constitucional. E, neste ponto, isto é, no que diz respeito ao uso do direito penal pela política criminal, não há dúvida de que das *Strafrecht* volta a ser "a barreira infranqueável da política criminal".

Assim, em modesto entendimento, temos a ótica no sentido de evitar um retrocesso ou uma diminuição da política criminal, pois ela, dentro do seu contexto de atuação, se faz necessária à dogmática penal. Por outro lado, devemos apontar o risco que existe em uma perversão de sua utilização. Podendo essa perversão ser direcionada para o uso de discurso ideológico conservador no sentido punitivista e expansivo.

Como também em um direcionamento abolicionista, um discurso ideológico progressista, tendente a gerar uma retração do campo de atuação da dogmática penal e deixando de proteger bens jurídicos que merecem a devida proteção.

O que é importante é que a política criminal exerça o seu papel, mas não se deixe influenciar por discursos ideológicos que tentem colocar em xeque a função do direito penal como protetor de bens jurídicos, nem limitando por demais a sua atuação deixando de guarnecer o bem jurídico, nem exercendo uma influência expansionista exagerando o campo de atuação do direito penal, fazendo com que ele acabe por fragilizar, ou até perder, a sua legitimidade.

Nesse sentido, a política criminal deve ser um condutor no sentido de reforçar a normatividade penal constitucional, característica de uma ciência penal democrática (Wedy, 2016, p. 235) com a qual se almeja, protetora de bens jurídicos, tendo, dessa forma, a legitimidade de que necessita.

CAPÍTULO 4

JAKOBS E O SEU FUNCIONALISMO SISTÊMICO

Após o estudo do funcionalismo teleológico propugnado por Roxin, chega o momento de mergulharmos na doutrina de Jakobs a fim de entendermos do que se trata o seu funcionalismo sistêmico.

Ao adentrarmos na ciência do direito penal e, mais especificamente, na teoria jurídica do crime, passamos a estudar os sistemas históricos adotados a fim de entender o funcionamento de tal ciência e a sua dogmática.

Lembramo-nos dos ensinamentos sobre o causalismo, sendo sucedido pelo finalismo, bem como sobre seus expoentes doutrinadores, respectivamente Franz von Liszt e Hans Welzel, os quais trouxeram seus avanços para a ciência penal.

Como todo sistema de pensamento próprio das ciências humanas, o direito penal acompanha os movimentos filosóficos contemporâneos. Dessa forma, o finalismo, como analisado, passou a ser questionado e, hoje, acompanhamos o desenvolvimento da dogmática penal com o sistema funcionalista.

Ao analisarmos o funcionalismo penal, encontramos na doutrina, nacional e estrangeira, a citação de críticas ao finalismo, em razão dos estudos científicos desenvolvidos, dentre eles, por Roxin e Jakobs.

Inegavelmente, são eles os expoentes do funcionalismo penal hoje estudado. Cada um possuindo uma vertente, ou visão, da finalidade do direito penal. Roxin possui uma ótica teleológica, enquanto Jakobs tem uma posição sistêmica. Com essas peculiaridades do pensamento, apesar de convergirem no ponto de partida, eles divergem no caminho e na chegada das suas conclusões sobre o direito penal e sua finalidade e legitimidade.

Nesse sentido, Callegari e Linhares (2017, p. 100) escrevem que:

> O funcionalismo é considerado uma nova revolução paradigmática do Direito Penal que não pode ser atribuído a um só autor. Não se pode falar, assim, em apenas um funcionalismo no Direito Penal, sendo diversas as vertentes dessa corrente de pensamento. Entretanto, dois são os autores apontados como principais defensores desse paradigma: os alemães Claus Roxin e Günther Jakobs.
>
> A partir desses autores, duas são as propostas de modelos funcionalistas no Direito Penal. O primeiro modelo, com foco na finalidade preventivo-especial da pena, possui como principais representantes Claus Roxin e Bernd Schünemann. O segundo modelo, representado sobretudo por Günther Jakobs, confere especial destaque para a teoria da prevenção geral positiva da pena.

Como se observa, tais autores são importantes nos estudos do Direito Penal hodierno. Porém, desde as cadeiras das universidades até a abertura dos livros voltados à ciência penal, seja os simples manuais ou nas doutrinas mais aprofundadas, verifica-se um vácuo cognitivo no estudo sobre Jakobs e sua obra.

A maior parte dos livros de doutrina penal discorre sobre Roxin, sua vida e obra, colocando-o como o grande representante do funcionalismo, pouco citando quanto à existência de Jakobs. Reduzidos são os autores que falam sobre Jakobs e seu sistema.

O pensamento de Jakobs, ao contrário do que ocorre com Roxin, não é aceito com facilidade. Ele é controverso por tocar em pedras fundamentais, não só da dogmática penal tradicional, mas também sobre direitos e garantias fundamentais. Talvez por isso ele seja colocado um pouco de lado nos estudos da ciência penal.

A par disso, antes de adentrarmos em sua obra, teceremos breves apontamentos sobre sua biografia e o que desenvolveu com seus pensamentos em prol da dogmática penal.

4.1 Sucintos apontamentos biográficos sobre o autor

Jakobs é um filósofo penal "para todos e para ninguém". Tal expressão foi cunhada pelo, também alemão, filósofo Friedrich Nietzsche em seu livro *Assim falou Zaratustra*. Com Nietzsche, Jakobs possui muitas semelhanças, não só em razão de suas origens germânicas.

Nietzsche, sem dúvida, é um filósofo polêmico. Nesse sentido, podemos afirmar que, hodiernamente, Jakobs é, também, um polêmico doutrinador penalista, tendo em vista os seus posicionamentos.

No livro *A gaia ciência*, Nietzsche (2016, p. 35) escreveu: "Algumas vezes nos queixamos de ser mal-entendidos, pouco conhecidos, confundidos, difamados, pouco escutados e ignorados? Eis precisamente a nossa sina".

Jakobs é capaz de ganhar uma admiração tão apaixonada e, ao mesmo tempo, despertar tanta rejeição.

Claus Roxin (*apud* Callegari, prefácio do tradutor, *in* Jakobs, 2003, p. 5), ao escrever sobre a primeira edição do livro inaugural de Jakobs, *Tratado de direito penal*, disse:

> Trata-se da mais audaz e do esboço mais consequente de um sistema puramente teleológico existente até a presente data. Com ele, Jakobs não só elaborou (...) a evolução dogmática dos últimos 20 anos. A amplitude de sua obra surpreende o leitor também com uma avalanche de reflexões originais que, de certo modo, antecipam os próximos 30 anos.

A construção do sistema funcionalista de Jakobs tem como marco inicial o ano de 1983 com a publicação da primeira edição de seu *Tratado de direito penal* (Callegari; Linhares, 2017, p. 101).

Pablo Rodrigo Alflen terce, quando da tradução do livro de Jakobs (2021, p. 11-13), notas sobre a biografia do autor traduzido, nos informando o que segue nos próximos parágrafos.

Günther Jakobs nasceu na Alemanha, na cidade de Mönchengladbach, em 26 de julho de 1937. É um autor de livros de Direito, filósofo e professor emérito de Direito Penal e Filosofia do Direito.

Ele estudou Direito nas Universidades de Colônia, Kiel e Bonn, sendo nesta última aluno de Welzel, onde acaba por tornar-se seu seguidor. Em 1967 apresenta sua tese de doutoramento, sob a orientação de Hans Welzel, com o tema: *O concurso entre os delitos de homicídio e de lesão corporal*.[3]

No ano de 1971, na busca de conseguir sua habilitação para a cátedra na universidade de Bonn, apresentou o trabalho, elaborado, novamente, sob a batuta de Hans Welzel, intitulado: *Estudos sobre o delito culposo de resultado*.[4]

---

[3] Título original em alemão: *Die Konkurrenz von Tötungsdelikten mit Körperverletzungsdelikten.*
[4] Título original em alemão: *Studien zum fahrlässigen Erfolgsdelikt.*

Na universidade de Bonn, exerceu o magistério no ano de 1986, onde ministrou aulas na cadeira de Direito Penal e Filosofia do Direito. Na referida universidade, também foi diretor do Seminário de Filosofia do Direito, que também foi dirigido por Welzel, e a codireção do Instituto de Direito Penal daquela instituição (Aflen, *in* Jakobs, 2021, p. 12).

Hoje é professor aposentado da Universidade de Bonn, desde 2002.

Callegari (*in* Jakobs, 2003, p. 5) assevera que, como visto em sua pequena biografia, Jakobs foi o encarregado da atualização e continuação da obra do mestre.

O fruto do seu trabalho no plano acadêmico é explicitado nos vários títulos honoríficos que lhe foram concedidos, em especial pela singularidade e brilhantismo do seu pensamento. Vários títulos de *Doutor honoris causa* foram-lhe outorgados por Universidades em todo o mundo, a exemplo da Argentina, México, Peru e Colômbia (Aflen, *in* Jakobs, 2021, p. 12). Faltando-lhe o reconhecimento pelas universidades brasileiras.

Jakobs, utilizando-se das ideias do sociólogo Niklas Luhmann sobre a teoria dos sistemas, apartou-se da doutrina finalista e criou o funcionalismo sistêmico, fundado na racionalidade comunicativa. Criou, assim, um novo sistema para o direito penal, baseado em uma renormatização dos conceitos jurídico-penais, objetivando direcioná-los à função que corresponde ao direito penal (Callegari, *in* Jakobs, 2003, p. 5).

Dentro desse funcionalismo, desenvolveu várias teorias que são caras ao direito penal, como: incrementos à teoria da imputação objetiva; uma visão do bem jurídico penal e a legitimidade do direito penal; e o seu controverso direito penal do inimigo, em contraposição ao direito penal do cidadão.

A par disso, chamamos a atenção para a importância do estudo das obras desse autor alemão que desenvolve um profícuo e aprofundado estudo sobre a dogmática penal, tomando por base o que há de mais moderno no comportamento da sociedade, demonstrando a importância da existência desse ramo do direito, e mais, da necessidade de sua aplicação de forma eficaz.

Jakobs não deve ser esquecido, deve ser estudado, compreendido. Criticado em suas possíveis falhas e exageros, mas, sem dúvida, possui um legado a ser analisado e explorado. E, dentro desse legado, o seu funcionalismo sistêmico é assunto que deve ser entendido para a análise de sua obra, razão pela qual passamos ao estudo do que vem a ser tal entendimento.

Antes, adentraremos na análise da teoria dos sistemas desenvolvida por Niklas Luhmann, que influenciou Jakobs no desenvolvimento do funcionalismo sistêmico e foi fonte do substrato teórico das suas concepções sobre os dogmas penais, em especial sobre sua ideia de vigência da norma e a função da pena.

4.2 A teoria dos sistemas de Niklas Luhmann e a visão sobre o direito e a norma jurídica – embasamento teórico

A historicidade da dogmática do direito penal demonstra que os autores que dele se ocuparam sempre procuraram estabelecer uma relação contemporânea com a sociedade na qual o direito penal seria aplicado, bem como um prognóstico para os tempos vindouros. Para isso, utilizaram os embasamentos teóricos das ciências humanas que possibilitassem uma melhor compreensão da sociedade de sua época: antes, a filosofia; depois, a sociologia.

Assim é o proceder de Jakobs. Em seus estudos, na busca para entender a realidade contemporânea, vai encontrar nas teorias sociológicas os parâmetros para melhor compreender a sociedade pós-moderna; *locus* em que procederá à aplicação do seu sistema penal desenvolvido, o funcionalismo, o qual denominará de sistêmico em razão da sua base na teoria dos sistemas de Niklas Luhmann.

Antes de adentrarmos diretamente nas teias do direito penal funcional-sistêmico nos moldes desenvolvido por Jakobs, faz-se necessário expor considerações sobre as bases da teoria dos sistemas, de vertente funcionalista, que influenciou o autor objeto do estudo para a construção teórica do seu pensamento estruturante do direito penal.

Derivada do funcionalismo sociológico, a teoria dos sistemas é uma corrente que realiza o estudo completo de todo o sistema social e os seus diversos sistemas que são parte de um todo. A teoria dos sistemas se configura em uma enormidade de categorias. Há várias teorias sistêmicas, sendo a maneira de abordar cada uma delas variável.

O modelo que foi desenvolvido por Niklas Luhmann é o denominado funcional estrutural, que é o que nos importa neste trabalho, haja vista que foi o sistema adotado por Jakobs para desenvolver as suas ideias do funcionalismo sistêmico.

Na versão brasileira do livro *Introdução à teoria dos sistemas* (2010), podemos encontrar uma breve exposição da biografia de Luhmann. Ele foi um jurista e sociólogo alemão. Nasceu na baixa Saxônia, na cidade de Lüneburg, em 1927. Formou-se em Direito na Universidade de Friburgo em 1949, onde também obteve o seu doutoramento. Ocupou cargos na administração pública até o ano de 1962. Em 1961, em Harvard, passou a estudar a sociologia de Talcott Parsons, onde teve contato com Habermas, decidindo dedicar-se ao estudo das ciências sociais. Ao deixar o serviço público, tornou-se professor, sendo convidado para compor o departamento de Pesquisa Social na Universidade de Münster, em 1965. Em 1968, tronou-se professor de sociologia na Universidade de Bielefeld. Foi palestrante na mesma cadeira de Theodor Adorno na Universidade de Frankfurt. Em 1993, aposentou-se e veio a falecer em 6 de novembro de 1998 (Moraes, 2006, p. 62).

Luhmann escreveu diversas obras nas quais expôs a sua teoria dos sistemas. Nessas obras, desenvolve uma teoria social baseada, principalmente, no aspecto cultural. Toma como referencial a ideia de sistema biológico, inserindo em sua construção teórica a ideia de um sistema que se autodesenvolve, a autopoiese, designando uma forma de autoprodução do sistema (Tavares, 2019, p. 78).

Luhmann entende a existência de vários setores da vida social que se intercomunicam. A sociedade encontra-se inserida dentro de um grande sistema cultural antropológico, mas sem a devida consciência. Criam-se províncias culturais que se relevam mediante a linguagem e, no uso desta, começa a construção dos sistemas. Tais sistemas vão se diferenciando e iniciando um processo necessário para a formação de outros sistemas. É a partir dessa diferenciação que os sistemas ganham funcionalidade, ou seja, personalidade própria, determinando qual será a sua função.

Com Luhmann, os sistemas linguísticos assumem um papel importante ao tornar a linguagem uma ferramenta que utilizamos de forma diferenciada para nos relacionarmos. Isso explicita que sua teoria está voltada para a sociedade.

Na perspectiva de Luhmann, todos os sistemas são comunicativos, porém cada um em separado exercendo a sua função. Os sistemas sociais são sistemas linguísticos no sentido de poder exercer uma comunicação, relacionamento, entre seus integrantes.

A disposição entre os sistemas sociais e a sua intrínseca relação com a comunicação é explicada pelo autor ao escrever:

No caso dos sistemas sociais, a Teoria dos Sistemas e a teoria da comunicação configuram um contexto muito compacto: a primeira traz a especificação de que um sistema deve ser reproduzido por meio de um tipo de operação (e somente um!); e a segunda trata precisamente das características desse tipo de operação. A comunicação tem todas as propriedades necessárias para se constituir no princípio de autopoieses dos sistemas sociais: ela é uma operação genuinamente social (e a única, enquanto tal), porque pressupõe o concurso de um grande número de sistemas de consciência, embora precisamente por isso, enquanto unidade, ela não possa ser imputada nenhuma consciência isolada (Luhmann, 2010, p. 293).

Dentro dessa relação comunicativa entre os sistemas, a sociedade pós-moderna apresenta uma característica complexa, que gera expectativas nos seres humanos perante a interatividade entre eles próprios, decorrente da dinâmica social comunicativa. Nessas interações interpessoais, as possibilidades do agir e dos resultados dela advindos são incontáveis. E nessa gama de possibilidades, em que o ser humano não possui o controle do que esperar sobre o agir do outro, bem como da reciprocidade, acaba por gerar uma tensão nas relações sociais, a qual deve ser apaziguada dentro e pelo próprio sistema.

Os sistemas sociais devem buscar a redução da complexidade da sociedade, procurando tornar a vida, a interação e as expectativas a mais previsível e menos insegura possível (Greco, 2000, p. 242).

A partir dessa concepção teórica, os sistemas surgem para assegurar expectativas, mesmo que elas não sejam completamente satisfeitas. Ademais, servem para reduzir a complexidade e a contingência típicas da sociedade hipercomplexa, características marcantes da contemporaneidade.

No dizer de Cavalcante Filho (2018, p. 36):

> A contingência significa que as escolhas que são feitas não são necessárias nem inevitáveis, isto é, podem ser alteradas: são resultados de uma decisão. Não existem inevitabilidades. De outra parte, a complexidade é a existência de várias opções para o mesmo problema, significando que nunca haverá consenso absoluto sobre determinada solução.

Na busca de sua funcionalidade, ou seja, a redução das complexidades e da previsibilidade das interações humanas, os sistemas devem fornecer aos seus integrantes modelos de conduta, indicando o que se deve esperar do outro, ou seja, qual a expectativa se pode ter do outro.

E, dentro dessa indicação, Luhmann (*apud* Greco, 2000, p. 242) diferencia duas espécies de expectativas, sendo elas: as cognitivas e as normativas. Greco (2000, p. 243) explica cada uma delas, afirmando que:

> As expectativas cognitivas são aquelas que deixam de subsistir quando violadas: o expectador adapta sua expectativa à realidade, que lhe é contrária, aprende, deixa de especular. Já expectativas normativas mantêm-se a despeito de sua violação: o expectador exige que a realidade se adapte à expectativa, e esta continua a valer mesmo contra os fatos (contrafaticamente).

As expectativas sendo conceitualmente separadas, merge o conceito funcional das normas: "expectativas de conduta que se estabiliza ainda que de maneira contrafactual" (Luhmann, 2016, p. 178).

E essas normas serão justamente a base de um sistema, o sistema jurídico. Entende Luhmann que o sistema jurídico é um subsistema do sistema social global. Assim como existem os sistemas da política, o econômico etc., existe o sistema jurídico.

E, como sistema, o direito tem que operar funcionalmente, ou seja, exercer a sua função, qual seja, a redução das complexidades e das contingências da sociedade pós-moderna.

> Luhmann propõe uma abordagem do sistema jurídico a partir do funcionalismo, isto é, pretende estudar como funciona o ordenamento, numa espécie de momento dinâmico do fenômeno normativo. A par disso, realiza uma análise do Direito com base na teoria dos sistemas sociais, utilizando-se dos conceitos de autopoiese. A partir desse substrato, Luhmann expõe que a sociedade, como rede de comunicação, é composta por vários subsistemas: o sistema jurídico, o político, o econômico etc. Todos esses sistemas regem-se por códigos que os tornam funcionais e permitem identificar seus elementos, distinguindo-os dos elementos dos demais sistemas (Cavalcante Filho, 2018, p. 35-36).

Nas palavras de Luhmann (2016, p. 175-176),

> visto abstratamente, o direito tem a ver com os custos sociais da vinculação temporal de expectativas. Visto concretamente, trata-se da função de estabilização de expectativas normativas pela regulação de suas generalizações temporais, objetivas e sociais. O direito torna possível saber quais expectativas encontrarão aprovação social e quais não. (...) Isso significa que é possível viver em uma sociedade mais complexa, na qual não bastam os mecanismos personalizados ou de interação para obter a segurança da confiança, mas, assim, o direito

tem também uma propensão a crises de confiança que não se deixam transmitir simbolicamente. Quando o direito não é mais respeitado, ou quando, até onde seria possível, ele já não se impõe, as consequências transcendem muito o que de imediato se apresenta como violação da lei, e, nesse caso, o sistema tem de recorrer a formas bastante imediatas de recuperação da confiança.

Concebe-se o direito como um sistema linguístico que funciona autonomamente, ou seja, o sistema não trabalha de acordo com a vontade de um agente pessoal, como eu quero, mas sim trabalha para além da vontade individual das pessoas, tendo uma formação e vida própria. Explica Luhmann (2016, p. 30-32) que:

> A teoria dos sistemas pode elaborar uma descrição de sociedade mais concreta e muito mais rica, e isso se aplicar não menos em relação a outros sistemas funcionais da sociedade. O ambiente do sistema jurídico interno à sociedade aparece como altamente complexo, e a consequência disso é o sistema jurídico fazer referência a si mesmo: a autonomia que lhe é própria, a limites autodeterminados, a um código próprio e a um filtro altamente seletivo, cuja ampliação poderia pôr em risco o sistema ou mesmo dissolver o caráter determinável de suas estruturas.
>
> (...) O que se pretende é descrever o sistema jurídico como um sistema que se auto-observa e se descreve, e, portanto, desenvolve suas próprias teorias, procedendo, de modo "construtivista", ou seja, sem qualquer tentativa de representar o mundo exterior no sistema.

Desenvolve-se, dessa forma, a ideia de autopoiese dentro do sistema, o qual é conceituado como autoprodução, ensinado que:

> Os sistemas são autônomos no nível das operações. A categorização da *autopoiesis* assume como ponto de partida a questão radical da autonomia, já que define o sistema a partir de seus próprios elementos. Autonomia significa que somente a partir da operação do sistema é possível determinar o que lhe é relevante e, principalmente, o que lhe é indiferente. Consequentemente, o sistema não está condicionado a responder a todo dado ou estímulo proveniente do meio ambiente. Os sistemas não podem importar nenhuma operação a partir do meio. (Luhmann, 2010, p. 120).

Nesse sentido, o direito sabe qual função desempenha, sabe que existe como sistema e possui a capacidade de reproduzir, posto que se relaciona com o ambiente e ainda se mantém ante a comunicação.

Assim aduz Luhmann (2016, p. 65-67):

> Sistemas autopoiéticos são atrelados ao tipo de operação, e isso vale tanto para a produção das operações seguintes como para a formação de estruturas. (...) No sistema social, o mesmo se aplica à linguagem. Por isso, uma descrição do sistema do direito não pode partir do pressuposto de que normas de outra substância e qualidade sejam como comunicações. Comunicações referentes ao direito têm como operações do sistema do direito sempre uma dupla função, como fatores de produção e como mantenedores de estruturas. Elas pressupõem condições de associação para outras operações, e assim confirmam ou modificam as limitações (estruturas) significativas para tal. Nessa medida, sistemas autopoiéticos são sempre sistemas históricos, que partem do estado imediatamente anterior que eles próprios criaram. Fazem tudo o que fazem pela primeira e pela última vez. (...) Em outras palavras, não existe nenhuma determinação de estrutura externa. Somente o próprio direito pode dizer o que o direito é.

O direito, como sistema, passa a ser um organismo com vida própria. Em sua funcionalidade, destina-se a diminuir as complexidades do ambiente e resolver os problemas. Realiza uma seletividade ocupando-se com aquilo que lhe seja próprio. Direito apreende o ambiente com a operacionalidade racional e passa a ter o seu significado.

Em Luhmann, o processo de comunicação é contínuo e o direito, enquanto apenas codificado, não é direito. Para o autor, ele só passaria a adquirir o *status* de direito quando existir comunicação. Direito só faz sentido como fenômeno comunicativo. Nesse sentido, os códigos, legislação codificada, são apenas um agrupamento normativo, sem ainda uma estabilidade de aplicação. Somente com a comunicação é que passa a ser direito. Logo, o direito só se realiza com a comunicação. Assim, dentro dessa concepção, o direito se caracteriza como um sistema comunicativo.

Dentro desse processo comunicativo do direito, ele funcionará por um processo de codificação binário, em que toda linguagem jurídica será montada por meio de um código binário, qual seja: lítico e ilícito, caracterizando-se como um sistema linguístico que se baseia em ser ou não lícito.

Luhmann funcionaliza os sistemas para exercerem uma redução da complexidade na medida em que internalizam as contingências, de acordo com sua linguagem calcada nos códigos binários, que no caso do sistema jurídico é o lícito/ilícito (Cavalcante Filho, 2018). Aduz ele que:

A função do direito produz um esquematismo binário, segundo o qual as expectativas normativas, independentemente de sua proveniência, ou se fazem satisfeitas, ou frustradas. Ambas as possibilidades acontecem, e o direito reage de modo correspondente (...).

O esquematismo binário lógico legal e ilegal ocupa um lugar preeminente, pois fundamenta a identificabilidade do sistema jurídico. (Luhmann, 2016, p. 220-221).

Luhmann coloca a função jurídica como uma das mais fundamentais na sociedade. Socialmente concatenado, o direito existe para reduzir as complexidades no território do convívio social. Nada na sociedade se convive sem que o direito possa participar. O direito faz com que as coisas sejam racionalizadas da melhor forma. O direito funciona para a sociedade como um guia, expectativas normativas, pois é por meio dele que os integrantes da sociedade têm consciência do que é lícito ou ilícito, dando forma ao sentido de comunicação do sistema jurídico.

Com base nesse sentido de comunicação, Tavares (2019, p. 87) aduz que a função do direito passa a se associar a um problema temporal, que é sempre levado em conta quando a comunicação não se basta a si mesma, mas consoante a extensão temporal de seus sentidos está orientada e se expressa por expectativas, as quais são generalizadas, e não individualizadas, orientando-se, nesse conceito de comunicação, pela sociedade, e não pelo indivíduo.

É nesse diapasão que se cria a importância da norma jurídica para o sistema jurídico. A norma, para Luhmann, como já citado, é uma estabilização das expectativas de conduta, de forma generalizada.

A norma jurídica passa a ser entendida como um símbolo, que representa a própria estabilização do sistema. Nesse sentido, a norma jurídica reduz as complexidades das relações vitais da sociedade, fazendo isso por meio de uma fórmula abstrata e indeterminada. E possui como objeto material a conduta humana projetada no espaço e no tempo (Tavares, 2019, p. 87).

A par de tudo isso, a ideia de sistema jurídico não é uma novidade criada por Luhmann, a novidade é conceber o direito a partir dessa rede hierárquica como uma ferramenta da vida que a cada momento se renova e se transforma em uma autopoiese.

Logo, cabe ao sistema jurídico conduzir, por meio do seu sistema de comunicação, a estabilização das expectativas normativas por meio da verificação e aplicação das normas, posto que "o direito tem a função de estabilizar a expectativa normativa, e isso só pode resultar quando existe uma seleção das expectativas que vale proteger" (Luhmann, 2016, p. 182).

Nessa seara de expectativas normativas, nessa sociedade complexa, em que as variáveis são inumeráveis e as possibilidades de resultado e condutas inimagináveis, o direito tenta pôr uma ordem, regularização, na tentativa de coordenar o convívio social, em que o outro possui uma ideia de comportamento dos seus semelhantes, esperando que o seu comportamento seja correlato ao quanto determinado pela norma. Eu sei o que esperar do outro e o outro sabe o que esperar de mim.

Porém, nem sempre essa expectativa é observada, nascendo assim os conflitos, cabendo ao sistema jurídico resolver para, justamente, desempenhar a função de garantia das expectativas normativas não observadas, ou violadas.

Nesse viés, aduz Luhmann (2016, p. 175-176):

> É possível viver em uma sociedade mais complexa, na qual não bastam os mecanismos personalizados ou de interação para obter a segurança da confiança, mas assim o direito tem também uma propensão a crises de confiança que não se deixam transmitir simbolicamente. Quando o direito não é mais respeitado, ou quando, até onde seria possível, ele já não se impõe, as consequências transcendem muito o que de imediato se apresenta como violação da lei, e, nesse caso, o sistema tem de recorrer as formas bastante imediatas de recuperação da confiança.

E uma forma, dentro do sistema jurídico, de recuperação dessa confiança normativa perdida é, justamente, a intervenção do direito penal nos casos em que essa frustração, não observância das expectativas normativas, se configurarem, tipicamente, como crime, sendo o direito penal o centro de gravidade de uma solução técnica de emergência mais grave dentro dessa sistemática (Luhmann, 2016, p. 222), utilizando-se, para isso, da sanção como instrumento de restabelecimento das expectativas violadas.

O direito, nessa concepção, é visto como uma estrutura por meio da qual se facilita a orientação social e a norma, uma generalização de expectativas. E, é mediante o direito que se realiza a configuração da sociedade. Assim, importado esse pensamento para o campo do direito penal, cabe a este garantir essa configuração fundamental da sociedade, em que a sanção penal será responsável por estabilizar as expectativas profanadas pelo crime (Lynett, 2005, p. 13).

E é essa ideia que Jakobs transportará para o direito penal, desenvolvendo o seu funcionalismo sistêmico, funcionalizando, como dito anteriormente, não só conceitos dogmáticos penais, mas todo o sistema penal, inclusive a teoria da proteção exclusiva de bens jurídicos, que sofrerá, drasticamente, os influxos dessa mudança de paradigmas.

4.3 Vigência normativa – pedra de toque do sistema penal de Jakobs e a transmutação do bem jurídico penalmente protegido

Após a análise do arcabouço teórico que Jakobs toma como ponto de partida para o desenvolvimento de sua doutrina, adentramos nos estudos do funcionalismo sistêmico por ele desenvolvido e suas consequência para a dogmática penal, em especial, a sua funcionalidade, a proeminência normativa em tal concepção e a função da pena.

Lynett (*in* Callegari; Lynnet; Jakobs; Meliá, 2005, p. 11) inicia a sua explicação sobre a obra de Jakobs afirmando que, depois da obra de Welzel, não se construiu um novo sistema de direito penal e diz que tal tarefa coube ao seu discípulo Günther Jakobs desenvolver, aduzindo que:

> No ano de 1983, no prólogo à primeira edição de seu tratado de parte penal, assinala as linhas de uma obra que rompe definitivamente com a tradição finalista. Contrário a ela, Jakobs menciona que a elaboração das categorias dogmáticas não pode fazer-se com base numa fundamentação ontológica do direito. (...) O conteúdo dos elementos da teoria do delito depende dos fins e funções que cumpre o direito, consistentes em garantir a identidade de uma sociedade. Isto significa, então, que se trata de conceitos normativos edificados com total independência da natureza das coisas.

Com base nos estudos sociológicos de Luhmann, Jakobs constrói um novo sistema de direito penal. Passa a funcionalizar todo o sistema jurídico-penal, inserido em uma teoria funcionalista-sistêmica da sociedade (Greco, 2000, p. 241).

Expõe Jakobs, em seu livro *Sociedade, norma e pessoa*, que a exposição mais esclarecedora sobre sistemas sociais, gerando consequências para o sistema jurídico, encontra-se na atualidade na teoria dos sistemas de Luhmann (2003, p. 2).

Jakobs estabeleceu uma conexão lógica entre a teoria dos sistemas e o sistema jurídico penal, tendo como ponto de interseção as ideias de expectativa normativa e da comunicação desenvolvidas por Luhmann em sua teoria. Para isso, ele partiu da perspectiva de que o direito penal está orientado a garantir a identidade normativa, garantir a constituição e manutenção da própria sociedade (Jakobs, 2003, p. 1), concebendo, assim, o seu funcionalismo jurídico-penal de perspectiva sistêmica.

Conforme Callegari e Linhares (2017, p. 135), a originalidade do sistema teórico construído por Jakobs reside justamente nessa estruturação das categorias do delito, fundando-as na teoria dos sistemas sociais de Luhmann, constituindo um avanço do funcionalismo ao contextualizar o direito penal dentro de uma interpretação social aos conceitos dogmáticos.

Diz como funcional sistêmico porque parte da funcionalização do direito penal está na busca de atingir a sua finalidade dentro do sistema que se encontra inserido, voltado para a própria sociedade, uma vez que o direito também é concebido dentro da sociedade.

Jakobs concebe o direito penal como um sistema que possui funções, e essas funções têm como objetivo manter o sistema. Assim, o direito penal realiza funções. Para ele, o funcionalismo deve afirmar que o que deve ser resolvido pela aplicação do direito penal é sempre um problema social. O crime é um problema social. Logo, é premente a impossibilidade de separação entre o direito penal e a sociedade. Esta precisa do sistema jurídico penal para a solução de certos problemas, do crime.

Explica Jakobs (2003, p. 7) que:

> A solução de um problema social por meio do direito penal tem lugar em todo caso por meio do sistema jurídico enquanto sistema social parcial, e isso significa que tem lugar dentro da sociedade. Portanto, é impossível separar o direito penal da sociedade. O direito penal constitui um cartão de visitas da sociedade altamente expressivo, igualmente, sobre a base de outras partes da sociedade cabe derivar conclusões confiáveis sobre o direito penal.

Nessa ideia, o direito penal faz parte do sistema social, partindo da noção do próprio Luhmann sobre a conceitualização do direito, abraçada por Jakobs, quando define o "direito como estrutura de um sistema social que se baseia na generalização congruente de expectativas comportamentais normativas" (Luhmann, 1983, p. 121).

Nesta senda, Jakobs procede a uma nova roupagem dos elementos da teoria do delito, funcionalizando-os – desde o conceito de ação, de culpabilidade, até o conceito de pessoa –, afastando qualquer limitação naturalista dos conceitos, vestindo-os de acordo com a sua funcionalidade no sistema, formulando uma normatização dos seus conteúdos (Callegari; Linhares, 2017, p. 136).

Nisso, há uma relação de dependência recíproca entre a sociedade e o direito penal. Cabendo a este restabelecer, em um plano comunicativo, a vigência da norma uma vez perturbada pelo crime, restabelecendo a expectativa normativa e resolvendo um problema do sistema social (Jakobs, 2003, p. 5). E isso se dará por meio da aplicação da sanção, a pena.

O direito penal possui a generalização quando na descrição típica dos fatos a serem definidos como condutas criminosas, bem como direcionando tais regras normativas para todo o corpo social. Além disso, tem a intenção de que os destinatários de sua normatividade não incidam no quanto descrito, ou seja, não cometam os crimes por ele definidos. O sistema penal possui suas normas e, quando violadas, no sentido de o agente incidir na conduta proibida, surgem as decepções, as quais tornam necessárias a reafirmação das expectativas normativas, violadas pelo crime (Greco, 2000, p. 243).

Com esse breve pensar, já é possível perceber um afastamento entre as concepções funcionalistas desenvolvidas por Roxin e por Jakobs. Este não utiliza, como base essencial, a política criminal como fator orientador do direito penal, como o faz Roxin. Jakobs, como dito, utiliza-se do sistema social para a fundamentação do seu paradigma de dogmática penal.

Nesse mesmo sentido, assinala Wedy (2016, p. 137), afirmando que:

> Com diferenças bem-acentuadas em relação ao funcionalismo de Roxin, está o funcionalismo monista-normativista de Jakobs. E tal diferença se expande não apenas no que diz respeito à "função" que deve desempenhar o direito penal, mas também para o fim das penas, para a legitimidade ou não da ideia de bem jurídico, bem como de sua relevância para a limitação/expansão do direito penal.

Ao seguir o curso dos estudos, perceberemos que tais tomadas diversas de rumo fundamentador gerará, com mais notoriedade, um maior distanciamento entre esses dois pensamentos funcionalistas, em especial nos blocos dogmáticos, já abordados quando da análise do pensamento de Roxin, e que iremos prosseguir analisando, agora pela ótica de Jakobs, quais sejam, a finalidade do direito penal, qual o objeto de proteção do direito penal e a função que a pena desenvolve nesse sistema. Para, em seguida, expormos as críticas lançadas a essa visão de direito penal funcionalista.

4.3.1 A finalidade do direito penal: a norma como objeto de proteção e o consequente abandono da teoria de proteção dos bens jurídicos como legitimação do direito penal

Qual o papel que passa o direito penal a desempenhar nesse sistema desenvolvido por Jakobs, é de premente importância entendermos. Direito, e logo o direito penal, é "uma das bases imprescindíveis da evolução social" (Luhmann, 1983, p. 115), necessário para a manutenção do sistema e a confiança nas expectativas normativas.

O direito penal cumpre a sua função de restabilizar expectativas violadas, e, para isso, deve construir seu aparato conceitual teleologicamente de modo a melhor atendê-la, levando isso a uma renormatização dos conceitos dogmáticos penais, e, nesse sentido, entende o delito como uma frustação das expectativas juridicamente garantidas (Jakobs, 2003, p. 1).

Se o delito é configurado por essa frustração de expectativa, ocasionando uma perturbação social por meio da ação do infrator, logo a ação também passa a ser funcionalizada sistematicamente, afastando-se, ou complementando uma diretiva finalista, para ser conceituada como uma "objetivação da falta de reconhecimento da vigência da norma, isto é, a expressão no sentido de que a norma em questão não é a máxima reitora" (Jakobs, 2003, p. 64).

Dentro dessa concepção funcionalista do direito penal, podemos observar uma mudança de eixo, de rota, gravitacional produzida por esse novo paradigma. A norma passa a ser o centro das atenções do direito penal. Afasta-se o bem jurídico e entra, em seu lugar, a norma.

Desde o direito penal clássico até o funcionalismo teleológico propugnado por Roxin, a finalidade do direito penal se encontra em proteger o bem jurídico. Ele é o centro pelo qual gravita a estrutura dogmática do direito penal e o fator pelo qual se extrai a legitimidade de intervenção do direito penal ante a sua função protetiva.

Mas, como vemos, com Jakobs há esse afastamento e colocação no centro gravitacional a norma a e a sua vigência. Não é dizer que o bem jurídico não seja importante, mas sim de que a atuação do direito penal se revela quando a norma protetora é violada, pois, no entender de Jakobs, nem sempre que bens jurídicos sejam deteriorados ocorre a intervenção do direito penal, mas essa só será legitimada quando o autor incidir no conteúdo proibitivo da norma e, de forma mediata, ocorrerá a proteção ao bem jurídico com a própria restabilização da vigência da norma com a intervenção penal com a aplicação da sanção, confirmando para a sociedade que a norma está válida e em pleno vigor.

Jakobs, em seu livro *Normatização da dogmática jurídico-penal* (*La normatización de la dogmática jurídico-penal*), a fim de explicar o tema, começa questionando a serventia de todo o aparato penal. Aduz ele que a provável resposta a esse questionamento na Alemanha – mas, sem dúvida, para todos os ordenamentos jurídicos de base germânica, como o brasileiro – seria que se presta para a proteção de bens jurídicos (Jakobs, 2003, p. 59). Mas passa a tecer comentários críticos a respeito dessa tese e a construir o seu entendimento sobre o tema.

Assevera que, para a teoria da proteção de bens jurídicos como finalidade do direito penal, há a implicação da existência prévia ao direito penal de bens jurídicos que o direito os constitui como penalmente relevantes e de cuja intangibilidade o direito penal deveria se ocupar, garantindo uma proteção desses bens diante de ataques (Jakobs, *in* Callegari; Lynett; Jakobs; Meliá, 2005, p. 31).

Em sua crítica a esse sistema, Jakobs aduz que o direito penal, em verdade, não consegue proteger o bem jurídico, pois, quando de sua atuação e intervenção, o bem foi violado, bem como há perecimentos de bens juridicamente protegidos que são irrelevantes para o direito penal; além disso, existem normas incriminadoras que não protegem diretamente bens jurídicos, os crimes de perigo abstrato, por exemplo, mas que são suscetíveis de sanções penais. Logo, para o autor, a relevância jurídica dos bens é relativa.

Para ele, o direito penal não garante a existência dos bens jurídicos em si, mas objetiva que as pessoas não ataquem esses bens; logo, observar-se-ia que tais bens poderão perecer por vias outras que não mereçam a intervenção do sistema penal. Traz como exemplo a vida que se esvai pela senilidade e a que é perdida por uma punhalada de um assassino. Tanto na primeira situação como na segunda, há a perda do bem jurídico; porém, só na segunda situação é que tal bem é alçado à categoria de uma lesão a bem jurídico. E nesse seu entendimento conclui que:

> Portanto, o direito penal não serve para a proteção genérica de bens que são considerados como jurídicos, serve, sim, para a proteção de bens contra certos ataques, e só no que se refere a essa proteção de bens aparecerão na ótica do direito, e, portanto, serão considerados bens jurídicos.
>
> Partindo dessa perspectiva, chega-se a uma concepção coerente do ordenamento jurídico: o direito não é um muro construído para proteger os bens, e, sim, a estrutura que garante a relação entre pessoas. Portanto, o direito penal como proteção dos bens jurídicos significa que uma pessoa, apegada a seus bens, é protegida das ameaças de outra pessoa. (Jakobs, *in* Callegari; Lynett; Jakobs; Meliá, 2005, p. 33).

Nesse rumo, Jakobs tem o entendimento de que o direito penal não assegura bens jurídicos, muito menos os repara. O real sentido do direito não é afastar todos os efeitos lesivos dos bens jurídicos idealizados como intocáveis, mas sim em escolher e proibir os incompatíveis com a existência de uma "comunidade eticamente organizada" (Jakobs, 2021, p. 47), que, com a intervenção do direito penal, objetiva manter a sua identidade social, identificada pela norma, restabelecendo a sua validade após a contradição a ela ocorrida com o fato criminoso. Com o direito penal, a sociedade confirma a norma contradita pelo crime.

Nos dizeres do autor, "o direito penal garante a vigência da norma, não a proteção de bens jurídicos" (Jakobs, *in* Callegari; Lynett; Jakobs; Meliá, 2005, p. 33). Nesse contexto, a vigência da norma é, em verdade, o bem jurídico penal. O bem normalmente denominado de bem jurídico (vida, integridade física, patrimônio etc.) é, pela ideia do autor, apenas um motivo para a feitura/existência da norma, a representação de um fim.

Explica Jakobs (2021, p. 47) que:

> De acordo com isso, o bem jurídico, enquanto um motivo para a norma ou representação de um fim, por si só não possui força suficiente; isso porque ao lado do bem a ser protegido entram o interesse de liberdade do autor (também um bem jurídico) e o interesse da sociedade não de obstar, mas sim de possibilitar o desenvolvimento.

Dessa forma, Jakobs procede uma diferenciação de bem jurídico e bem jurídico penal. A proteção dos bens jurídicos ocorrerá de forma mediata (Jakobs, 2003, p. 59), por meio da realização da verdadeira função do direito penal, que é a vigência da norma, sendo ela o bem jurídico penal imediato (Jakobs, 2021, p. 48).

Callegari e Linhares (2017, p. 137) esclarece essa diferenciação explicando que Jakobs faz referência à categoria de bem jurídico, porém em sentido diverso ao que costumeiramente é referendado pela dogmática penal clássica e ao utilizado por Roxin, afirmando que:

> Considerando que a legitimação material do direito penal reside na necessidade de suas normas para a manutenção de uma forma de sociedade e de estado, Jakobs aponta como bem jurídico-penal a ser tutelado as expectativas normativas essenciais à subsistência da configuração social e estatal frente às violações das normas, destacando que a proteção de bens jurídicos (na concepção corrente) se constitui em um resultado meramente mediato da função da pena de asseguramento da vigência da norma. Essa concepção decorre distinção promovida por Jakobs entre "bem jurídico", objeto de proteção de algumas normas, e "bem jurídico-penal", esse último representando a manutenção das expectativas essenciais.

Nesse mesmo sentido é a escrita de Ramos, Gonzáles e Meliá (2013, p. 21), argumentando que Jakobs realiza a referida distinção entre bem jurídico e bem jurídico penal, sendo este o asseguramento das expectativas normativas essenciais ante suas defraudações, portanto, a vigência efetiva das normas em que essas expectativas se fundamentam e o bem jurídico como objeto de proteção de algumas normas.

A par de todo o escólio, verificamos que Jakobs afasta a concepção de bem jurídico historicamente conhecido pela dogmática penal como o valor inserido na norma a ser protegida pelo direito penal. Procede a uma nova conceituação, relegando esse bem jurídico, valor, a um patamar de objeto de proteção da norma, em que será protegido apenas de forma mediata com a atuação do direito penal, e não de forma imediata e exclusiva como estudado. O direito penal protege a vigência da norma e, só de modo mediato e parcial, também bens (Jakobs, 2003).

Jakobs passa a conceituar o seu bem jurídico penal como sendo a "firmeza das expectativas normativas essenciais ante uma violação" (Wedy, 2016, p. 139), procedendo, dessa forma, a uma desvinculação da missão do direito penal com a função de proteção de bens jurídicos, estes entendidos como o valor de proteção da norma.

Logo, a nova finalidade estabelecida por Jakobs para o direito penal é garantir a vigência da norma que foi defraudada com a ocorrência do fato criminoso.

Explica Jakobs a sua concepção afirmando que:

> A prestação que realiza o direito penal consiste em contradizer por sua vez a contradição das normas determinantes da identidade da sociedade. O direito penal confirma, portanto, a identidade social. O delito não é tomado como princípio de uma evolução nem tampouco como evento que deva solucionar-se de modo cognitivo, mas como falha de comunicação, sendo imputada essa falha ao autor como culpa sua. Dizendo de outro modo, a sociedade mantém as normas e se nega a conceber-se a si mesma de outro modo (...).
>
> O direito penal restabelece no plano de comunicação a vigência perturbada da norma cada vez que se leva a cabo seriamente um procedimento como consequência de uma infração da norma (Jakobs, 2003, p. 4-5).

A visão de Jakobs pressupõe, como visto, a funcionalidade sistêmica do direito penal inserido na sociedade, desenvolvida essa teoricamente pelas ideias de Luhmann, no qual o direito serve para estabilização das expectavas normativas. E o direito penal se legitima no restabelecimento dessa expectativa normativa violada, defraudada pelo delito.

O delito é concebido não mais como uma violação ao bem jurídico tutelado, valor vida, patrimônio, dignidade sexual, mas sim em uma falha de comunicação do autor que não reconhece a vigência da norma como uma máxima de comportamento da qual ele, como integrante da sociedade, deveria se pautar e atuar.

Quando um criminoso age, sua ação não é unicamente voltada, direcionada finalisticamente para o vilipêndio do bem alheio descrito na norma, mas também, dentro desse processo comunicativo social, o autor manifesta seu total não reconhecimento à vigência da norma que o proíba de atuar no sentido do seu querer de vilipendiar o bem protegido.

O crime não é considerado um enfrentamento entre sujeitos direcionados à violação dos seus bens jurídicos particulares. Mas, é sim, um "questionar" a ordem jurídica instituída, de maneira que a compreensão do delito supera uma relação individualista do crime e transcende para uma concepção suprassubjetiva, ou seja, atingindo toda a sociedade (Callegari; Linhares, 2017, p. 139).

Então, na concepção de Jakobs, de forma imediata ele defrauda a norma com sua conduta ao não reconhecer essa vigência normativa e, de forma mediata, destrói o bem protegido pela norma. É justamente esta falta de reconhecimento da vigência da norma que sempre legitima a reação, atuação, do direito penal.

Nesse sentir, explica o autor com suas próprias palavras:

> Quando, sem razão alguma para fazer, o autor destrói coisa alheia, o sentido que se expressa não é somente "prefiro destruir a coisa do que deixá-la incólume", mas também "não conheço nenhuma norma que me vincule e proíba a destruição", e, esta, sim é uma proposição que pertence ao contexto jurídico-penal. A expressão de sentido jurídico-penalmente relevante de uma ação injusta não está na manifestação do autor acerca de como se imagina a configuração da realidade, e sim na tomada de postura perante a validez da norma que aquela suporta de maneira inseparável; não reconhece nenhuma norma que pudesse lhe impedir de atuar, seja porque não conhece a norma em questão, seja porque a conhece, mas pretende vulnerá-la. Esta tomada de postura diante da vigência da norma é o sentido que interessa, o que é decisivo do ponto de vista do direito penal. (Jakobs, 2003 p. 62).

Ao direito penal cabe garantir a vigência das normas. Assim, encontra a sua legitimação, no aspecto formal, na sua obrigação interventiva, determinado por uma exigência legal devidamente autorizada mediante a aprovação das legislações conforme os ditames constitucionais. Também possui legitimidade, agora em sentido material, quando de sua atuação para a manutenção da configuração da sociedade e do Estado ao garantir a vigência das normas (Wedy, 2016, p. 139).

Esse é o conteúdo imediato de proteção do direito penal propugnado por Jakobs no funcionalismo sistêmico. Proteção de vigência da norma. Mesmo com a imediatidade protetiva da norma, afastando-se, em primeiro plano, da proteção do bem objeto conteúdo na norma penal, não se pode falar que este paradigma penal destrói por completo a ideia de proteção do bem jurídico penal classicamente entendidos.

Ao proteger a vigência da norma, as expectativas normativas, o direito penal também reafirma o conteúdo da norma, o bem jurídico (vida patrimônio etc.), confirmando que aqueles valores postos na norma são válidos, necessitam e têm a proteção devida pelo sistema jurídico. Assim, não haveria um esvaziamento do bem jurídico por essa perspectiva do direito penal. Imediatamente a proteção segue em direção à norma, mas todo o seu conteúdo é protegido quando da atuação do direito penal. Em consequência o bem estará protegido.

Assim também como não há abandono da proteção pessoal, não encontra a individualidade das pessoas "diluída" em uma proteção coletiva em prol da manutenção da sociedade, do sistema. Garantindo-se a vigência das expectativas normativas essenciais, de forma subsequente se protege também o indivíduo, a pessoa, pois ela encontra-se inserida na sociedade, objeto de proteção em que vige a norma.

O direito penal presta garantia à sociedade, mas também ao cidadão, sendo a pessoa uma unidade ideal de direitos e deveres.

Explica Jakobs que o mundo das pessoas é um mundo de titulares de direitos que, de modo recíproco, têm o dever de respeitar os direitos alheios e, no âmbito do direito penal, os crimes vulneram essas relações jurídicas, sendo essa violação um pressuposto do delito, uma vez que o fato criminoso produz uma interferência no âmbito de organização da sociedade (Jakobs, 2003, p. 27).

Há a expectativa de que ocorrerá o respeito aos direitos alheios, em que os outros têm o dever de respeitar e não vilipendiar o direito do outro. Com o crime, essa expectativa é quebrada, o infrator não atuou conforme esperado, devendo ser restaurada com a atuação do direito penal, aplicando a pena, compreendida como uma resposta à violação da norma.

Nisso explica Cancio Meliá (*in* Callegari; Lynett; Jakobs; Meliá, 2005, p. 109):

> Na concepção de Jakobs, o direito penal obtém sua legitimação material da necessidade de garantir a vigência das expectativas normativas essenciais (aquelas de que depende a própria configuração ou identidade da sociedade) frente àquelas condutas que expressam um significado contrário à norma correspondente e colocam esta, portanto, em questão como modelo geral de orientação no social. A pena é entendida como resposta frente à violação da norma.

Inserido nessa concepção da finalidade do direito penal como protetor da vigência da norma, teremos como consequência uma nova tendência da finalidade que exerce a pena dentro desse sistema, constituindo-se não somente como um meio para manter a identidade social, mas já identificada como a própria manutenção (Jakobs, 2003, p. 4).

4.3.2 A função da pena no sistema funcional sistêmico

Desde os primórdios, a pena é o paradigma do sistema penal, haja vista ser o resultado a ser aplicado após toda a comprovação do fato criminoso, tipicidade, antijuridicidade e a culpabilidade. Revela-se como a consequência pelo cometimento do crime. E sempre se encontrou vinculada a certas finalidades, desde a época da vingança privada, passando pelo período humanitário, até a cientificação do direito penal e os dias atuais.

Roxin, como visto, trabalha a finalidade da pena pela teoria da prevenção geral e especial dentro do contexto de que o direito penal desempenha a função de proteção dos bens jurídicos. Assim, a pena se direciona para prevenir novos ataques a bens jurídicos, tanto por parte do autor, prevenção especial, como por outros potenciais criminosos, protegendo, dessa forma, o bem jurídico.

Mas, como vimos, Jakobs não trabalha com a ideia de bem jurídico como finalidade protetiva do direito penal, este, o bem jurídico tutelado pela norma, terá proteção apenas mediata, dentro do sistema penal desenhado por ele. Sendo o objetivo do direito penal a confirmação da vigência da norma, então a necessidade da punição passa a ter outra vinculação, finalidade, sendo agora a reafirmação da validade da norma para restabilizar o sistema que fora violado com o crime.

Diferentemente do que trabalha Roxin, nesse sistema de Jakobs não há espaço para a prevenção especial, tampouco se fala em exigências de política-criminal, além das estabilizações do sistema, "A prevenção geral e a observância dos direitos do arguido não estão contidas no seu ponto de partida teorético-sistêmico" (Greco, 2000, p. 247).

A teoria da pena de Jakobs segue a linha da teoria dos sistemas de Luhmann. A respeitabilidade à norma, importante para a estabilização do sistema, passa a ser o centro das atenções e, assim, as frustrações das expectativas com a ocorrência do crime, deve-se aplicar a pena pois esta é, agora, necessária para a demonstração da vigência da norma restabelecendo a confiança e prevenindo efeitos negativos que a frustração, violação da norma, o crime, possa implicar para a estabilização do sistema (Queiroz, 2015, p. 407).

Nessa concepção, fala-se que em Jakobs a teoria da pena adotada é a da prevenção geral positiva a qual iremos analisar o seu ponto de vista.

Apesar de ser baseada na teoria dos sistemas, conforme aduz Lynett (*in* Callegari; Lynett; Jakobs; Meliá, 2005, p.12), os fundamentos da teoria de Jakobs se encontram estreitamente vinculados com a filosofia do direito de Hegel, existindo uma nova leitura de Hegel, dessa vez pela ótica dos sistemas de Luhmann.

Para Hegel, a finalidade da pena é restabelecer a vontade geral por meio de uma negação, ou seja, é uma negação da negação. Isso porque, para a construção do direito, em abstrato, existe uma vontade geral, e que o crime é entendido como um comportamento, de vontade particular, que nega a vontade geral. Assim, a pena necessita ser aplicada para que o Estado confirme a vontade geral em detrimento do comportamento particular do criminoso. O Estado, com a pena, refirma a o direito (Lynett, *in* Callegari; Lynett; Jakobs; Meliá, 2005, p. 13).

Tal filosofia de Hegel possui, digamos, uma nova roupagem, em Luhmann inserida na teoria dos sistemas. Para Luhmann, as sanções representam a estabilização contrafática ao ato do infrator que, com seu comportamento, frustrou expectativas normativas. A sanção se apresenta como um meio para a manutenção de normas, demonstrando que a sociedade pode seguir confiando na vigência dela, apesar do ato do infrator. E expõe Luhmann (1983, p. 116) que:

> Em sociedades mais desenvolvidas a correção de uma norma só pode ser documentada através da normatização também das formas de processamento das frustrações, através de sanções ou de garantias para a imposição de expectativas, pois é apenas por meio da intenção e da tentativa de impor-se a expectativa que o consenso subentendido pode ser convincentemente demonstrado a terceiros.

Demonstra Luhmann a sua visão do direito, estruturado para facilitar as interações sociais por meio das normas que são as expectativas gerais normatizadas, o que cada um espera como atuar correto do outro. E, uma vez rompida essa expectativa com o ato do infrator, deve o Estado, por meio da sanção penal, restabelecer essa expectativa normativa reforçando a sua validade e a confiança dos demais em sua vigência para a manutenção do sistema.

É nesse sentido que Jakobs importa tal teoria para o desenvolvimento da teoria da pena. Explica ele que a prestação que realiza o direito penal consiste em contradizer, por sua vez, a contradição das normas determinantes da identidade da sociedade. A pena se constitui como a própria manutenção da identidade social, que fora vilipendiada pelo comportamento do infrator (Jakobs, 2003, p. 4).

Há um processo comunicativo entre o fato frustrador da norma e a reação a tal postura mediante a aplicação da pena. O infrator, com

CAPÍTULO 4
JAKOBS E O SEU FUNCIONALISMO SISTÊMICO | **129**

sua conduta, comportamento, expressa que, para ele, aquela norma infringida não tem valor, não representa um comprometimento comportamental, comunicando a sua visão de mundo e "rebeldia" para com a norma. A aplicação da pena exerce essa comunicação contrafática à postura do infrator, reafirmando a norma a toda a sociedade.

Nesse sentido, explica Jakobs:

> Apenas sobre a base de uma compreensão comunicativa do fato entendido como afirmação que contradiz a norma e da pena entendida como resposta que confirma a norma se pode encontrar uma relação iniludível entre ambas e, nesse sentido, uma relação racional (Jakobs, 2003, p. 3).

A sanção penal deve garantir a vigência das normas. No seu ato comunicativo, o infrator da norma afirma a não vigência da norma. Diz ele para si: "Não existe norma que me proíba de cometer tal ato; ou mesmo existindo tal norma me proibindo, eu irei cometer tal ato pois para mim ela não tem valia". Então a pena, sanção penal, vem justamente para contradizer essa postura do infrator. A sanção comunica ao infrator, bem como aos demais membros da sociedade, que tal postura é irrelevante, logo, contradizendo esse "projeto de mundo" do violador da norma (Jakobs, 2003, p. 13).

A pena é uma reação à infração de uma norma. A existência da pena serve para demonstrar que a infração não é aceita, mas, ao contrário, repelida e combatida pelo Estado e pela sociedade organizada (Wedy, 2016, p. 138).

O ato criminoso significa uma rebelião contra a norma, cabe à pena rechaçar essa rebelião e, ao mesmo tempo, com a sua aplicação se eliminam os riscos de uma erosão generalizada da vigência da norma. Nesse sentido, Jakobs não concebe a pena simplesmente como uma coação, um mal pelo cometimento de outro mal, tendo caráter unicamente retributivo, pois perderia até o sentido a existência do princípio da culpabilidade dentro do direito penal moderno.

Há mais do que mero retribucionismo na concepção de pena de Jakobs. A pena se destina a reafirmar, não apenas para o infrator, mas para toda a sociedade, que a norma que se encontra válida é a reitora do comportamento da sociedade, por isso seu caráter geral e positivo.

A pena não é direcionada à prevenção geral negativa, mera dissuasão de comportamentos delituosos. Assim como não se encontra vocacionada para a prevenção especial, a qual objetiva convencer o infrator ao não cometimento de delitos.

Nesse sistema, a pena não se dirige principalmente a influenciar sobre potenciais autores de futuras infrações, senão que tem por destinatários todos os membros da sociedade, enquanto potenciais vítimas delas, para reafirmá-los na vigência da norma infringida. A pena está destinada a atuar mais sobre os outros que sobre o culpado, objetivando tranquilizá-los tanto a respeito do próprio delinquente como a respeito de potenciais infratores (Ramos; Gonzáles; Meliá, 2013, p. 27).

Jakobs entende que a pena é uma modalidade cognitiva de processamento em que se intimida o próprio autor e potenciais futuros autores, onde se busca que não haja mais fatos delitivos. Para ele essas reflexões devem influenciar a aplicação da pena, porém não constituem sua finalidade imediata (Jakobs, 2003, p. 50).

A pena há de ser algo mais do que uma simples coação. Deve ser entendida como uma resposta contra o ataque do infrator à estrutura normativa da sociedade, afirmando que o ato do infrator não é importante e que a estrutura social se mantém em sua configuração sem modificações.

Explica Jakobs (2003, p. 56-57) do que trata a concepção da pena como prevenção geral positiva:

> No se trata de intimidar a personas – de todos modos dispuestas a cometer ele hecho – mediante un tratamento duro del autor, y tampouco de intimidar al autor para que no cometa ulteriores hechos, sino de lo único que se trata es de uma compesnación por el dano producido por el autor em la vigência de la norma primaria. Em um Estado ordenado, basta en cuanto compensación una pena que en vista a la culpabilidade sea entendida de modo general como pérdida ya seria; entoces, el comportamento delictivo se considera una alternativa inaceptable, y se produce una actitud natural de fidelidad al ordenamiento jurídico. En este sentido, se habla de prevención generale positiva, debiendo se la generalidade la destinataria del proceso, siendo, confirmada em su actitud de fidelidad al ordenamento – por ello prevención generel –, pero – por ello positiva – no mediante intimidación, sino mediante um aprendizaje de la fidelidad al ordenamiento como actitud natural.
>
> Por consiguinte, la pena significa una contradicción del significado del hecho, y el dolor de la pena debe producir prevención general positiva.

Com essas palavras, Jakobs deixa clara a função da pena e por quais motivos ela serve como prevenção de caráter geral e positivo. A pena não serve apenas para intimidar os que estão inclinados ao cometimento do crime mediante um tratamento, bem como não atua unicamente para que o criminoso não venha a cometer ulteriores crimes ou como uma retribuição ao dano causado pelo infrator com a sua conduta criminosa. O comportamento delitivo deve ser visto como uma alternativa impensável, em que a postura de fidelidade, obediência ao ordenamento jurídico deve ser uma postura natural de todos os integrantes da sociedade.

Nesse sentido, a generalidade da pena se caracteriza por ser ela direcionada a toda a sociedade, a coletividade, sendo confirmada a observância ao ordenamento normativo, ou seja, as expectativas normativas. Não sendo direcionada diretamente ao infrator individualmente considerado. E se diz positiva porque é vocacionada a uma aprendizagem, ao robustecimento da fidelidade ao ordenamento jurídico, logo não tendo como objetivo uma ameaça, pois não gera um mero processo intimidatório, coagindo o infrator ou outros potenciais infratores ao não cometimento do delito sob o manto da ameaça da pena.

Nesse mesmo sentido, Ramos, Gonzáles e Meliá (2013, p. 16) sobre o pensamento de Jakobs, ao escreverem que a função da pena estatal para garantir as expectativas sociais essenciais se resume em produzir prevenção geral por meio do exercício no reconhecimento da norma. E essa prevenção se denomina preventiva, justamente por não ser exclusivamente intimidatória, manifestando-se em três aspectos diversos:

> Por um lado, e antes de tudo, a pena serve para confirmar a confiança na vigência das normas, apesar de sua ocasional infração ("exercício de confiança da norma"). Em segundo lugar, a pena se orienta ao "exercício na finalidade para o Direito", no sentido antes mencionado. E, por último, mediante a imposição da pena se aprende a conexão existente entre a conduta que infringe a norma e a obrigação de suportar seus custos, suas consequências penais ("exercício na aceitação das consequências").

Na construção desse cenário global, podemos afirmar que o crime é concebido como oportunidade comunicativa de um autor responsável, e a pena como uma contradição a essa afirmação. O mal da pena equilibra o dano causado pelo autor do crime; por outro lado, a execução da pena assim determinada supõe uma imposição do direito e não uma despersonalização do autor, servindo para a manutenção da vigência da norma (Jakobs, 2003, p. 71).

O crime não é entendido como mero acontecimento fático, mas sim como acontecimento portador de um sentido, de um significado comunicativo, e este entendimento é igualmente aplicável à pena, sendo ela uma contradição da afirmação do autor de que não se comportou de acordo com a norma, de que não orientou o seu agir de acordo com as expectativas normativas, ou seja, não procedeu com fidelidade ao ordenamento jurídico.

Com esse agir incongruente ao sistema, a pena serve para restabelecer a norma violada, uma contradição ao significado comunicativo do ato criminoso do infrator, comunicando para toda a sociedade que a norma defraudada está válida e que ela deve ser observada, sendo mantida a sua vigência com a aplicação da sanção penal (Jakobs, 2003, p. 93).

Nessa função da pena, ela não se destina unicamente a exercer uma "pressão" aos potenciais autores de futuros crimes, mas tem, ao contrário, como destino todo o corpo social, enquanto potenciais vítimas, objetivando, como dito, não um temor, mas sim um repassar confiante nas expectativas normativas, afirmando aos integrantes da sociedade que podem confiar na vigência das normas pois elas continuam válidas e vigentes, mesmo com a violação com o ato criminoso, pois a pena, devidamente aplicada, foi capaz de restaurar a confiabilidade na manutenção e perpetuação do sistema normativo.

A norma, apesar de defraudada com o ato, continua sendo válida, sendo a regra de comportamento em que a sociedade pode e deve continuar confiando. Assim vale o escólio de Mir Puig:

> Quando ocorre a infração de uma norma, convém deixar claro que esta continua a existir, mantendo a sua vigência, apesar da infração. Caso contrário, abalaria a confiança na norma e sua função orientadora. A pena serve para destacar com seriedade e de forma cara para o infrator que a sua conduta não impede a manutenção, na medida em que infringe a norma, fraudando expectativas, a pena, por sua vez, é positiva, na medida em que afirma a vigência da norma ao negar sua infração (*apud* Moraes, 2006 p. 138).

Como vista no tópico anterior, a função do direito penal não mais se encontra vinculada à proteção de bens jurídicos, mas sim na manutenção da vigência da norma. E essa finalidade altera também a função da pena. Só de forma mediata o direito penal protegerá o bem jurídico, a pena também apenas de forma secundária irá se voltar para a proteção do bem jurídico. Para Jakobs, a pena não é capaz de evitar, prevenir e até sanar lesões sofridas ao bem jurídico protegido pela norma penal, assim, só de forma subsidiária é que a pena exercerá uma função protetiva ao bem jurídico. A norma e a sua vigência são os fatores preponderantes de proteção do direito penal, na visão de Jakobs.

Se o sujeito realiza a conduta de matar alguém descrita na norma penal do artigo 121 do Código Penal brasileiro, no funcionalismo sistêmico de Jakobs, ele está a afirmar que essa norma não é capaz de impedir que ele realize o ato; para ele, essa norma, proibição, não é válida. Com o crime cria-se a sensação de que a norma não teria validade, gerando na sociedade um desconforto.

A pena vem justamente para afastar essa sensação de desconforto e dizer a mensagem de que a norma é válida, que o infrator não poderia ter agido contra a lei e que, por isso, recebe a punição, para confirmar a confiabilidade do sistema aos demais cidadãos. Passa um sentimento positivo para a sociedade sobre a higidez do sistema. O infrator sofrerá as agruras da pena, mas a mensagem será transmitida para toda a sociedade, reforçando a confiabilidade nas normas para a preservação do convívio social ordeiro. A finalidade da pena volta-se aos indivíduos que detêm expectativas em relação à norma frustrada. Nesse trilhar:

> A pena não seria dirigida apenas àqueles potenciais futuros delinquentes, como um desestímulo ao ilícito, mas a todas as pessoas, pois o convívio social necessita de que as pessoas confiem na atividade conforme o Direito dos demais – isso significa a visão da pena como exercício de confiança na norma. O destinatário da pena, portanto, não são tanto os potenciais delinquentes, mas todos os cidadãos em sociedade, pois o que importa para Jakobs não são as pessoas, mas o significado social de suas ações em relação à vigência da norma (Callegari; Linhares, 2017, p. 141-142).

Os efeitos secundários da pena, como a intimidação, a busca de que possíveis infratores não violem a norma, bem como para que o autor não volte a cometer o ato, prevenção especial e geral negativa, não passam despercebidos por Jakobs. Para ele, tais efeitos da pena são reconhecidos e necessários, mas não são os efeitos primários. De forma subsidiária, a pena reflete tais consequências. Mas sua primordial função é a prevenção geral, ou seja, a estabilização do sistema, servindo para lembrar as pessoas de que a norma segue vigente. A norma é o centro do direito penal.

Isso não quer dizer que, ao final e ao cabo, o bem jurídico esteja esquecido e desprotegido ante essa visão sistêmica do funcionalismo penal. O bem jurídico continua importante, mas deixa de ser o centro de proteção do direito penal, sendo a norma posta em seu lugar.

A norma, que tem como conteúdo o bem, é o meio pelo qual se protege o bem e o sistema penal protegerá essa norma. Assim, ao proteger a norma, não desejando a sua violação, de forma mediata, também se protege o bem jurídico, conteúdo protetivo da norma que manterá a sua integralidade no mesmo momento em que se defenda a manutenção do sistema. Mesmo que de forma secundária, o bem jurídico encontre-se protegido com essa visão da função da pena.

Em resumo, no entender de Jakobs, "a teoria do direito penal como proteção da vigência da norma demonstra sua validade especialmente na teoria dos fins da pena: o fato é uma lesão da vigência da norma, a pena é a sua eliminação" (Jakobs, *in* Callegari; Lynett; Jakobs; Meliá, 2005, p. 51). Dito de outra forma, no âmbito de uma perspectiva funcional-social, o direito penal só garante uma coisa: que se contradiga toda expressão de sentido que manifeste que a norma carece de validade (Jakobs, 2003, p. 41).

Assim, encontra-se definida a função da pena na ótica do funcionalismo-sistêmico propugnado por Jakobs.

4.4 Críticas ao funcionalismo sistêmico

O pensamento de Jakobs levanta polêmicas. Não é de fácil aceitação. Vozes se levantam contra sua sistematização penal. Mexer em um dogma tão importante como o bem jurídico, mudando de rumo todo o conteúdo da legitimidade do direito penal e a função da pena para inserir a vigência da norma como centro reitor das atenções do sistema penal, não passaria sem ser notado, e as críticas vieram como uma avalanche.

Como vimos, o conceito de bem jurídico como elemento legitimador da intervenção penal passou a ser tido como uma evolução na humanização do direito penal e uma garantia do cidadão para que o Estado não venha a utilizar o direito penal de forma autoritária.

E a consequência do crime, a pena, acompanha essa garantia. Serve para a proteção dos bens jurídicos de forma a prevenir que o infrator, por meio da ressocialização, venha a cometer novos crimes e que outras pessoas também cometam as infrações penais.

Abandonar essa visão liberal, e secular, do direito penal não seria fácil. Trazer para a seara penal as ideias da teoria dos sistemas de Niklas Luhmann não seria um empreender de fácil aceitação. Jakobs inova com suas teses de sistematização do direito penal, porém, como tudo o que é novo, gera desconfiança e críticas. E assim se passa com as concepções de Jakobs. Mas, apesar de, como veremos, severas as críticas, elas servem para engrandecer e aprimorar as ideias, nos fazendo refletir e buscar uma melhor forma de entendimento e aplicação do direito penal.

E, a par desses pensamentos críticos, nos debruçaremos sobre as contraposições a Jakobs no que se refere ao quanto analisamos nos tópicos anteriores, ou seja, verificaremos as opiniões contrárias ao posicionamento de Jakobs sobre o sentido da legitimidade do direito penal como protetor da vigência da norma e a finalidade da pena e a teoria da prevenção geral positiva.

Conforme alerta Deodato (2012, p. 158), não são poucos os trabalhos doutrinários que tecem críticas ao pensamento de Jakobs. E confirma Wedy (2016, p. 138), dizendo que o desenlace da teoria de Jakobs tem gerado um maior tensionamento do funcionalismo, posto que a consequência prática se apresenta como uma ampliação do espectro punitivo do direito penal e de sua intensidade.

Sobre a desconstrução da teoria do bem jurídico como função do direito penal, Roxin (2018, p. 55) assevera a inaplicabilidade de tal doutrina, não compartilhando com Jakobs o mesmo pensamento, entendendo que "um sistema social não deve ser mantido por ser um valor em si mesmo, mas atendendo aos homens que vivem na sociedade do momento" (2018, p. 33). O fim do sistema deve ser o homem e a sociedade em que convive, e não o próprio sistema como uma autoproteção.

O sistema, sendo um fim em si mesmo e tendo como finalidade a proteção das normas, passa a ter um caráter instrumentalizado, funcionalizado e mecanizado do direito penal, o qual perderia seu caráter crítico e limitador da atividade legiferante estatal. Com a descentralização da concepção da proteção de bem jurídico e a colocação da norma em seu lugar, o direito penal perde a sua personalidade crítica ao sistema e passa a proteger o próprio sistema, acarretando uma busca por eficiência, para atingir a sua finalidade, mas, desprovido do caráter crítico, passa a só buscar os fins, sem se preocupar com os meios utilizados para o alcance dessa eficiência.

Conforme aduz Greco (2000, p. 246), criticável na teoria de Jakobs é, especialmente, por tratar-se de um sistema obcecado pela eficiência, um sistema que se preocupa sobremaneira com os fins, e acaba por esquecer se os meios de que vale são verdadeiramente legítimos. O direito penal passaria a ser um mecanismo, desprovido de noção mais intrínseca e orgânica, "um aparelho, um aríete para o atingimento de fins de proteção norma" (Wedy, 2016, p. 141).

Alesandro Baratta (*apud* Burgo; Pedroza, 2018, p. 33) considera que o vínculo entre Jakobs e Luhmann favorece a expansão do direito penal, assumindo, com o funcionalismo sistêmico, uma postura conservadora tecnocrata e autoritária.

Essa busca pela eficiência penal acabaria por atropelar as garantias e direitos do cidadão, bem como levaria a uma exacerbação legislativa na criação de tipos penais incriminadores, acabando por incidir em um expansionismo penal indesejado. A eficiência funcionalista seria uma propulsora do "panjurismo penal, eternamente expansível, e esquálido do ponto de vista valorativo" (Wedy, 2016, p. 152).

Tais críticas não são descabidas, principalmente quando analisamos as consequências geradas por tal posicionamento com o desenvolvimento, por Jakobs, de uma nova noção de direito penal, a qual propõe o afastamento dos direitos e garantias processuais, entendendo, não como cidadão, mas sim como um inimigo, a pessoa que faz da atividade criminosa o seu modo de vida. Tal é o chamado direito penal do inimigo, sobre o qual iremos tecer comentários no capítulo seguinte, bem como analisaremos as críticas direcionadas a tal posicionamento.

Com o abandono da teoria do bem jurídico como legitimador do direito penal, perde-se um limite à criação de leis penais. O Estado se sente legitimado a criar leis sem que exista um bem jurídico protegido pela norma; mesmo assim, o direito penal se veria na obrigação de proteger tal norma, tendo em vista que a sua função é defender a vigência normativa.

O direito penal, com tal postura, perde o seu caráter crítico-valorativo e limitador, objetivando cercear a atividade legislativa. Carece de limites com esse método construído por pensamentos absolutamente formalizados, aleijado da realidade e capaz de se adaptar a qualquer sistema jurídico, permitindo que surja e se legitime qualquer construção de sociedade e Estado, desde a mais democrática até a mais totalitária (Burgo; Pedroza, 2018, p. 34).

A formulação de Jakobs contém uma excessiva normatização e funcionalização dos conceitos, preocupando-se em excesso com os fins do sistema e conduzindo a um autêntico sistema fechado e pouco garantista, quedando as categorias do delito sem conteúdos claros e mostrando-se, por outro lado, aptas para acolher em seu conteúdo qualquer argumento coerente com os fins da estabilização das normas,

CAPÍTULO 4
JAKOBS E O SEU FUNCIONALISMO SISTÊMICO | 137

conduzindo a um tipo de neopositivismo em que a sanção se justifica para reforçar e confirmar a própria sociedade em um retribucionismo inspirado pela fidelidade ao direito (Eibe, 2006, p. 451).

Como aduz Deodato (2012, p. 162), não é somente a norma penal a garantia do que possivelmente caracteriza e confere essência a uma sociedade. Há outros valores, como o bem jurídico, que produzem não só garantias, mas identidade à sociedade. Valores inegociáveis que não podem ser afastados do âmbito de proteção do direito penal, pois colocaria em risco a própria essência da sociedade. No mesmo sentido, escreve Tavares (2019, p. 219), para quem o bem jurídico desempenha uma função de validade e eficácia da norma. Sendo indispensável entender o bem jurídico como objeto de preferência, vinculado a um valor, pois é o bem jurídico um objeto de garantia, e não de mera incriminação. Concebendo-o como valor, torna imperioso estabelecer a sua diferença de uma mera função.

O direito penal, quando afasta de seu núcleo a ideia de proteção de bens jurídicos, acaba por legitimar uma tutela funcionalizada, deixando de proteger pessoas, para passar a proteger funções, confundindo bem jurídico com função, como alerta Tavares, anteriormente citado, e reforçado por Moccia (1997, p. 118), ao dizer que:

> O risco de assumir esse esquema de tutela de funções acaba por transformar o injusto penal em um ilícito de mera transgressão que, na realidade, não muda a concepção de função como substituto por seu equivalente substancial de bem jurídico, como proposto por tal doutrina.

A função não pode ser confundida como bem jurídico. O direito penal como protetor da vigência normativa não é equivalente ao direito penal como protetor imediato do bem jurídico. Este é parte de um Estado de direito. Passando para a proteção de funções, transmuta-se em um Estado de mera administração, tornando-se totalitário, em que os fins justificariam os meios utilizados na busca da eficiência, como observa Wedy (2016, p. 151):

> A consequência desse funcionalismo exacerbado seria uma ciência penal verdadeiramente despreocupada com os bens jurídicos. Uma espécie de neopositivismo, alheio ante a efetiva e concreta lesão e ameaça de lesão aos maiores interesses sócio-comunitários e individuais representados pelos bens jurídicos. Um neopositivismo esquecido de que, entre texto e norma, não há cisão e tampouco identificação cega. Daí que o crime se transformaria na simples violação não de uma norma, mas de uma

regra, escolhida pelo legislador e com ares de constitucionalidade formal. Seria um regresso à ilicitude formal, um retrocesso claro, um descompromisso com uma sólida concepção de bens jurídicos, o perecimento da ilicitude material.

Não só a visão da proteção da vigência da norma como fim do direito penal é criticada na postura de Jakobs. O seu entendimento sobre a necessidade da pena com a perspectiva da prevenção geral positiva é, também, posto sobre um juízo de valor negativo, por entenderem que tal teoria possui uma adjetivação de neorretribuicionista em razão de abandonar a ideia de ressocialização do autor do fato criminoso.

Ferrajoli (2006, p. 221) tece críticas à teoria da prevenção geral positiva, no sentido de entender que tal doutrina confunde direito com moral, exagerando no legalismo e conferindo às penas funções de integração social por meio do reforço geral da fidelidade ao Estado, promovendo um conformismo das condutas, o que transformaria o direito penal em um instrumento de orientação moral e educação coletiva, escrevendo que:

> A recente doutrina de Günther Jakobs, que, inspirando-se nas ideias de Niklas Luhmann, justifica a pena enquanto fator de coesão do sistema político-social em razão da sua capacidade de reestabelecer a confiança coletiva abalada pelas transgressões, a estabilidade do ordenamento e, portanto, de renovar a fidelidade dos cidadãos no que tange às instituições. (Ferrajoli, 2006, p. 222).

Para o escritor italiano, pai do garantismo penal, a prevenção geral positiva peca por buscar uma uniformização comportamental dos integrantes da sociedade no que diz respeito à respeitabilidade das normas, em que os cidadãos devem se conformar com o sistema vigente e obedecer ao quanto normativamente por ele estabelecido.

Na visão de Baratta, esse sistema seria um reprodutor ideológico e material das relações sociais existentes, de cunho conservador, para fins de manutenção dos valores sociais postos de forma autoritária, geradora de um expansionismo penal, representando um incremento tanto em extensão como em intensidade da resposta penal (*apud* Ramos; Gonzáles; Meliá, 2013, p. 22).

De caráter não valorativo, tal pensamento não se preocuparia com a ideia da ressocialização nem com um limite das penas, pois, baseando em um formalismo, buscaria manter a identidade da sociedade, não se preocupando com qual o conteúdo dessa identidade social, possuindo a idoneidade de potencializar a expansão do direito penal.

Logo, tal teoria da prevenção geral positiva teria o condão de legitimar qualquer tipo de modelo estatal, desde um Estado garantista até um Estado ditatorial, pois, o que fundamentará o atuar do direito penal é a manutenção do sistema. Assim, a tese de Jakobs seria capaz de fundamentar qualquer forma de Estado e qualquer forma de direito.

Nesse sentido, assinala Callegari e Linhares (2017, p. 151) que o direito penal, tido com essa concepção de prevenção geral positiva, objetivando ser um mecanismo protetor das normas básicas que mantêm a identidade social, pode vir a ser visto como uma "perspectiva que justifique qualquer sistema penal que, em nome da coletividade, submeta o indivíduo" a uma pena sem limites éticos, podendo vir a ser um violador dos direitos humanos, instrumentalizando o infrator que será submetido à pena.

O sistema desenvolvido por Jakobs, como relata a crítica, serviria para todo e qualquer sistema de governo, seja ele autoritário ou democrático de direito, pois a dependência ficará a cargo de qual sociedade estará a postos para defender, bem como qual o tipo de norma irá se defender a vigência, uma vez que a função do direito penal é a defesa do sistema independentemente do tipo de organização.

Bacigalupo defende a teoria da prevenção geral, vislumbrando vantagens em sua postura, ante a existência de uma finalidade social dirigida a fortalecer a confiança na vigência da norma infringida, atingindo um fim social positivo, em especial quando conjugada com outra teorias das penas, afirmando que:

> Naturalmente, uma teoria como esta permite superar a crítica das outras teorias absolutas baseada em sua irracionalidade, vale dizer, na ausência de uma finalidade social que justifique a aplicação das penas. Com efeito, conquanto a pena tenha a finalidade de estabilizar a vigência da norma violada pelo autor, adquire uma função social utilitária, consistente na comunicação de uma determinada mensagem destinada a fortalecer a confiança na vigência da norma infringida. Por isso, constitui um meio para lograr um fim socialmente positivo. Tudo isso não exclui, como fica claro, a possibilidade de uma articulação da teoria da prevenção geral positiva com teorias absolutas na forma própria das teorias da união. Desse modo, desapareceriam as razões para sustentar que a teoria da prevenção geral positiva carece de um critério para a limitação da duração da pena (*apud* Moraes, 2006, p. 144).

Nessa esteira, contra as críticas por ora levantadas ao sistema funcionalista penal de Jakobs, levantam-se vozes favoráveis a tal posicionamento, entendendo que ao direito penal cabe a defesa da norma e a manutenção da sociedade, reafirmando, com a pena, essa vigência; porém, o tipo de norma e uma possível política criminal punitivista dependerá da sociedade em que ela está inserida, pois é essa sociedade que cria as normas por meio do Poder Legislativo, ou seja, do sistema político.

Para Jakobs, o conteúdo da norma se relativiza e passará a depender de cada sociedade, pois o modelo de sistema funcional é neutro e capaz de servir a qualquer tipo de organização, a qualquer tipo de configuração estatal (Coria, 1997, p. 152), o que dependerá e fluirá da sociedade para a qual o direito penal serve.

Para os defensores de Jakobs, a vigência do estado de direito e as garantias fundamentais não se encontram em contradição com o funcionalismo sistêmico, mas, ao contrário, se explicam a partir da diferenciação funcional que opera na sociedade, ao mesmo tempo que essa diferenciação depende do reconhecimento dos direitos fundamentais. Nesse pensar, Burgos e Pedroza (2018, p. 39) defendem que:

> Se as críticas contra o funcionalismo penal sistêmico passam por interpretações pseudopolíticas de Luhmann e de Jakobs, as críticas às críticas passam por afirmar a autonomia do direito frente à política e, mais precisamente, por compreender os limites de demarcação das ciências penais. A teoria penal que faz parte do sistema jurídico auto-observa o direito sem pretensões políticas.

Jakobs desvincula o problema político do jurídico e defende que, se em uma sociedade se evidenciar uma tendência a diminuir as liberdades civis, essa tendência não é invisível para o direito penal. Porém, não caberia ao direito penal fazer um juízo de validade da norma, aplicando ou não, cabendo tal função ao ramo do direito constitucional, bem como da política.

Nesse sentido, Jakobs afirma que:

> A decisão acerca de que se trata de um processo de criminalização excessivo ou desnecessário, ou, pelo contrário, da necessária defesa do nuclear, é puramente política, mas não jurídico-penal. Certamente, a ciência do Direito Penal pode evidenciar o que é que trazem exatamente as novas regulamentações legais e o que trazido deve ser considerado,

conforme a valoração estabelecida, como algo positivo ou como algo prejudicial. Mas é impotente perante as alterações políticas de valores, e não se pode optar em favor das alterações políticas de valor (Jakobs, 2003, p. 23-24).

Jakobs defende a sua postura aduzindo que a política é quem deve se preocupar com o tipo de estado posto na sociedade. Cabe ao direito se preocupar com as normas. O que interessa ao direito em concreto não é o ser humano individualmente considerado, mas sim a sua comunicação coletiva, ou seja, a norma e a respeitabilidade a elas (Jakobs, 2003, p. 44-45).

O funcionalismo penal sistêmico tem um caráter descritivo da sociedade, e não prescritivo. Ou seja, não vem para dizer como a sociedade deve ser, como deve se portar, qual o tipo de sociedade deve existir. Mas ocupa-se em descrever a sociedade como ela é, seja democrática ou autoritária, e proteger as normas que vigem nessa sociedade. Não se trata de uma preocupação com o que deve ser o direito, mas sim uma ocupação em descrever tal e como é o direito, incluindo-se nisso os resultados indesejados (Burgos; Pedroza, 2018, p. 39).

Nesse sentido, afirma que sua concepção se trata da descrição das condições de funcionamento de toda a sociedade, uma descrição não instrumentalizada, que, por vezes, pode desiludir (Jakobs, 2003, p. 37).

Digerindo tudo o quanto exposto pelos prós e contras, podemos observar a preocupação com o uso indevido do direito penal. Para o bem ou para o mal, ele é um instrumento utilizado pelo Estado para manter a sua própria identidade. Uma "arma" poderosa que, ao longo do tempo, foi com base na ciência, na dogmática, trabalhado para que seja usado com limites e que possa frear, justamente, a vontade estatal de legislar na feitura de crimes a fim de não intervir desnecessariamente nas liberdades individuais dos seus cidadãos.

O direito penal, antes de uma finalidade de punição, possui um espírito civilizatório. Em seu nascedouro, especialmente como ciência, buscou um limitador ao direito de punir do Estado, desvinculando-se de um caráter moralista-religioso e do terror estatal ao punir condutas contra o Estado posto, para ganhar ares humanistas, evitando lesão ou perigo de lesão ao bem jurídico, e focando a ressocialização do infrator.

Porém, também dentro dessa preocupação imanente de um direito penal limitador, não é difícil observar que, em um Estado que se transmuta em autoritário, pode-se ter o direito penal mais liberal, mas ocorrerá uma utilização desse instrumento estatal para uma errônea aplicação, a depender da política criminal implantada. Tudo dependerá do tipo de Estado no qual o direito penal está a viger. O direito penal será usado de maneira disforme, pois, como realidade valorativa do "dever-ser", está determinado por aquilo que realmente é, ou seja, o que é a sociedade e o Estado.

Se o Estado produz normas por meio de um processo legislativo com ritos constitucionalmente determinados, que não possuem bem jurídico protegido, ou aumenta sobremaneira o leque de condutas criminosas fazendo uso de forma exacerbada, como salienta Jakobs, o direito penal é impotente diante dessa transformação.

Para nós, entendemos temeroso o abandono da defesa do bem jurídico como finalidade do direito penal. Entendemos a importância histórica do bem jurídico como modelador de um direito penal democrático e legítimo. Por outro lado, os ensinamentos de Jakobs nos serve para abrirmos os olhos e verificarmos o atual estágio da sociedade, que não é mais aquela de Beccaria, muito menos a do início ou meados do século XX. Uma sociedade pós-moderna que requer uma afirmação maior de seus valores e uma eficiência na aplicação do direito penal, em especial no que se refere à manutenção de sua própria segurança, atualmente e infelizmente, assaz ameaçada com a vertiginosa ascendência da criminalidade, em especial a violenta, organizada e a corrupção sistêmica.

Mas, em nome da eficiência no combate a tais condutas, veremos, ao final deste estudo, que não pode se dar em detrimento dos dogmas e valores penais secularmente consagrados, bem como dos direitos e garantias individuais do cidadão, sob pena de prestar um desserviço ao Estado democrático de direito que busca se preservar.

A par de todo esse contexto crítico, veremos a consequência do posicionamento de Jakobs com o desenvolvimento do seu direito penal do inimigo, cujas críticas, após análise do seu empreendimento, estudaremos e, por conseguinte, lançaremos nosso posicionamento sobre o pensar do funcionalismo sistêmico e do direito penal do inimigo de Jakobs.

CAPÍTULO 5

INIMIGO, QUEM É VOCÊ? SOBRE O DIREITO PENAL DO INIMIGO E A PSEUDONOÇÃO DE EFICIÊNCIA EM DETRIMENTO DA NOÇÃO DE PROTEÇÃO DE BENS JURÍDICOS

Como visto nos capítulos antecedentes, a noção de direito penal, e a sua função, acompanha uma tendência de valores da sociedade na qual ele será aplicado, na obtenção de atuar da forma mais eficiente possível como um instrumento limitador do Estado a fim de que, na busca por essa finalidade, não acabe por violar a liberdade dos cidadãos, impondo, assim, um limite ao *jus puniendi* estatal, sendo essa a noção clássica da exclusiva proteção de bens jurídicos da qual está vocacionado o direito penal.

Com o advento da sociedade pós-industrial, diversos fenômenos sociais e culturais refletem nas ciências humanas, em destaque na seara jurídica e, em especial, no direito penal. Um exemplo é a quebra do paradigma da noção de bem jurídico, tendo em vista que cada vez mais normas penais são produzidas sem observar a proteção concreta a esse bem. A ideia clássica do direito penal liberal, nessa sociedade pós-moderna, se mostra, numa leitura rasa, pouco eficiente para evitar a crescente onda da criminalidade, o que, à primeira vista, a concepção de direito penal como protetor de bens jurídicos não teria o condão de exercer a contento a sua função.

Em razão disso, Jakobs desenvolveu a sua doutrina da funcionalização do direito penal, em busca de uma eficiência, abandonando, de forma mediata, a noção de bem jurídico, e colocando como centro de proteção do direito penal a vigência da norma como novo paradigma de proteção penal.

Os perigos da vida moderna e a alta crescente das sociedades criminosas organizadas colocaram em xeque o sistema de segurança. Legisladores atentos passam a produzir leis que tentam punir com mais rigor tais condutas criminosas. Antecipam a punição, não esperando a ocorrência, ou exteriorização em atos de execução, para que se legitimasse a ocorrência de um crime. Passam a punir atos preparatórios, bem como tornam mais rigorosas as penas para crimes que, em seus entendimentos, são de maior periculosidade para a manutenção da paz social, limitando, e até retirando, garantias penais e processuais dos autores do fato criminoso.

Atento a tais mudanças, Jesús-María Silva Sánchez (2013, p. 188), em seu livro *A expansão do direito penal*, identificou comportamentos diferentes do sistema punitivo a depender do modo de aplicação de pena conjugado com a flexibilização das garantias constitucionais, denominando de velocidades do direito penal. Assim, em decorrência do aumento da criminalidade, esse autor caracterizou a terceira e última velocidade a partir da aplicação da pena de prisão com a flexibilização das garantias processuais, objetivando uma maior efetivação do sistema contra crimes de maior gravidade (Sánchez, 2013, p. 193).

Duas características destacam essa marcha: o expansionismo e o simbolismo penal que, juntos, acabam por dar origem ao que Jakobs denominou de direito penal do inimigo, fruto do sistema funcionalista sistêmico desenvolvido por ele e identificado por Meliá (*in* Jakobs; Meliá, 2005, p. 57).

Nesse cenário, Jakobs identifica esse movimento do direito penal que vem ganhando corpo, tendo sua digital em várias legislações já em vigor, e que ainda estão sendo analisados em vários ordenamentos jurídicos penais espalhados por todos os países, desde o mais democrático até os mais totalitários. E, mesmo com todas as críticas que sofre por parte da doutrina especializada, vem crescendo mesmo que não rotulado com tal denominação.

Caberá a análise de sua compatibilidade ou não ao sistema quando da apreciação por parte do Poder Judiciário, que, por meio das cortes constitucionais, apreciará se as legislações que abraçam o direito penal do inimigo poderão ser reconhecidas ou se terão que ser retiradas do ordenamento jurídico. Assim teremos toda a respeitabilidade ante um Estado democrático de direito e a garantia de uma correta penalização para os criminosos de mais alta periculosidade para a sociedade.

É nessa contextualização do direito penal contemporâneo que analisaremos as consequências da concepção de Jakobs sobre a funcionalização do direito penal e de seus dogmas, em especial da finalidade do direito penal como proteção da vigência da norma e o abandono da teoria da proteção do bem jurídico em nome de uma busca por eficiência na aplicação desse direito penal, que tem como consequência o desenvolvimento de uma tentativa de legitimação do direito penal do inimigo. Com esse objetivo, intentaremos compreender do que se trata e se o ele, dentro de um Estado democrático de direito, pode ou não, da forma como concebido, ser utilizado de forma eficaz para frear o avanço da criminalidade na sociedade.

5.1 O artigo nascedouro e o estopim de 11 de setembro de 2001

Procedendo uma contextualização histórica, D'Avila (2009, p. 41) nos recorda de que Günther Jakobs expôs o tema pela primeira vez no Congresso dos penalistas alemães, ocorrido em 1985 na cidade de Frankfurt, apresentando o trabalho intitulado *Incriminação do estado prévio à lesão de um bem jurídico*.[5]

Nessa oportunidade em tópicos finais, pincelou algumas bases de suas teorias, como a normatização do bem jurídico e o direito penal do inimigo, o qual tratou de forma crítica, lançando comentários desfavoráveis a ele, afirmando que "a existência de um direito penal de inimigos não é sinal de força do Estado de liberdades, e sim um sinal de que dessa forma não existe" (Jakobs, 2003, p. 143). Onde o direito penal de inimigo só poderia ser legitimado como um direito penal de emergência, em sua excepcionalidade.

Na apresentação desse artigo, Jakobs buscou delimitar materialmente a criminalização no estado prévio à lesão a bem jurídico. Para ele tal possibilidade de antecipação da incriminação não estaria legitimada ante um Estado de liberdade (Jakobs, 2003, p. 108). Ele não enxerga com bons olhos essa ilegítima antecipação da incriminação, não tendo o bem jurídico protegido a capacidade de neutralizar essa antecipação punitiva estatal, pois é esse próprio bem jurídico, objeto de proteção, que influi para que ocorra a antecipação da proibição penal.

---

[5] Título original em alemão: *Kriminalisierung im Vorfeld einer Rechtsgustsverletzung*

Assim ele passa a entender que essa indevida antecipação não faz parte de um direito penal voltado à proteção do cidadão, pois não o protege. Na verdade, explicita o formato de um direito penal do inimigo porque interfere na esfera privada de um ser que é fonte de perigo e necessita de uma maior atenção do Estado para que este venha lesionar o bem jurídico protegido, logo, justificando a antecipação dos crimes, punindo, por exemplo, intenções do agente, violando o princípio do *cogitationis poenam nem patitur*.

Ao criticar tal postura antecipatória, Jakobs defende que o autor possui uma esfera mínima de intimidade onde não poderá existir um controle estatal por meio do direito penal, explicando:

> O autor não somente deve ser considerado como potencialmente perigoso para os bens da vítima, como deve ser definido também, de antemão, por seu direito a uma esfera isenta de controle; e será mostrado que do *status* de cidadão podem se derivar limites, até certo ponto firmes, para as antecipações de punibilidade. Pois bem, todo direito penal não totalitário reconhece um *status mínimo do autor* (Jakobs, 2003, p. 111).

E continua o seu pensamento crítico sobre o tema procedendo a uma incipiente caracterização do direito penal do inimigo, aduzindo que:

> Uma diminuição semelhante do sujeito pertence a um direito penal de índole peculiar que se diferencia nitidamente do direito penal de cidadãos; o direito penal de inimigos otimiza a proteção de bens jurídicos, o direito penal de cidadãos otimiza as esferas de liberdade (Jakobs, 2003, p. 114).

Jakobs não entende o princípio da proteção de bens jurídicos como uma ideia liberal, mas sim entende como a razão pela qual tal direito penal do inimigo se estabelece ao projetar a proteção penal para atos que, normalmente, não seriam passíveis de punição pelo direito penal (Greco, 2005, p. 214).

Para fundamentar a sua ideia crítica, Jakobs passa a exemplificar, dentro do Código Penal Alemão (StGB), tipos penais que configuram uma antecipação indevida da incriminação penal, sendo, em seu entendimento, expressões de um direito penal direcionado ao inimigo, expondo que:

Já em uma olhada bem superficial ao StGB põe em evidência que numerosos preceitos caem fora do limite do que aqui se denomina direito penal de cidadãos e pertencem ao direito penal de inimigos, em concreto, todas as incriminações do que materialmente são atos preparatórios, na medida em que a conduta preparatória seja efetuada no âmbito privado. Junto com a já tratada tendencia de participação, pertencem a esse âmbito alguns delitos contra a segurança do Estado, assim como a constituição de associações criminais ou terroristas (§§ 129 e 129ª, StGB). (Jakobs, 2003, p. 114).

Jakobs, nesse momento, faz uma análise crítica, uma denúncia em tom de alerta, sobre um direito penal de inimigo, vigorando, em paralelo, com o direito penal de cidadãos. Tal análise tem, por ora, um caráter descritivo relatando a existência desse tipo peculiar de direito penal.

Alerta que em um Estado de direito, ou de liberdade, os atos preparatórios, os pensamentos, bem como todo o proceder que não extrapole o âmbito privado do autor, encontram-se isentos de responsabilidade penal. A responsabilidade penal, em que o cidadão passa a ser autor de um fato criminoso, só nasce quando é ultrapassada essa seara íntima, exteriorizando o seu comportamento e dando início a um ato de execução, no caso da tentativa, e/ou consumando o fato descrito. Nesse entender, retirar do cidadão essa esfera privada é um atuar do direito penal de inimigos, e não um direito penal de cidadãos (Jakobs, 2003, p. 119-131).

Nas conclusões do seu estudo inaugural sobre o tema, Jakobs até chega a entender como justificável a utilização desses mecanismos de incriminação antecipada que visam proteger o bem jurídico. Mas, em seu ponto de vista anterior, tal legitimação só poderia ocorrer em tempos de crise, pois é nesse contexto que se pode tolerar a supressão passageira das liberdades individuas a fim de assegurar o restabelecimento da normalidade. Ademais, tais leis não devem ser perenes, mais sim temporárias, com seus períodos de vigência estritamente limitados. Do contrário, estar-se-ia abandonando o Estado de liberdade. Assim:

> O direito penal de inimigo também só pode ser legitimado como um direito penal de emergência que vige excepcionalmente. Os preceitos penais a ele correspondentes devem, por isso, ser estritamente separados do direito penal de cidadãos, preferivelmente também na sua apresentação externa. O direito penal de inimigos também tem que ser separado do direito penal de cidadãos de um modo tão claro

que não exista perigo algum de que possa se infiltrar por meio de uma interpretação sistemática, ou por analogia ou por qualquer outra forma no direito penal de cidadão. (Jakobs, 2003, p. 143).

A partir do que foi citado, observa-se claramente a preocupação de Jakobs com o uso, aplicação desse "tipo" de direito penal. Bem como entendendo a necessidade de "blindar" o direito penal de cidadãos para que este não receba os influxos do direito penal de inimigo, desvirtuado a sua vocação de otimizador das liberdades.

Greco, contextualizando o tema, nos esclarece que, após esse artigo de 1985, Jakobs declarou, esperançoso, que o direito constitucional avançasse a ponto de tornar o direito penal do inimigo impossível (2005, p. 21). Porém, pelo que veremos, não foi bem o que aconteceu. O direito constitucional avançou, mas o pensamento de Jakobs deu um giro em sentido contrário e passou a doutrinar uma possível legitimação do direito penal do inimigo.

O ano é 1999. Em Berlim, início de outubro, ocorreu a Conferência do Milênio, na qual, contextualiza Conde (2012, p. 25), se debatiam "Os desafios da ciência do Direito Penal frente ao futuro", Jakobs volta a tratar do assunto sobre o direito penal do inimigo.

A palestra de Jakobs tinha por título *A ciência do Direito Penal frente o novo milênio*,[6] parecia profetizar o que estava por vir ao descrever, novamente, o direito penal do inimigo, porém, desta vez, não mais tecendo críticas, mas sim abraçando a ideia e discorrendo fundamentos para a sua possível aplicabilidade e legitimação dentro do sistema penal.

Nesse novo artigo, de 1999, Jakobs passa a defender "um direito penal parcial em que quem se comporta como inimigo deve ser tratado como inimigo, como "não pessoa" *(unperson)*" (D'Avila, 2009, p. 41). Dividindo o direito penal em duas partes, sendo a outra metade voltada para o cidadão, criando a dicotomia entre direito penal do cidadão e direito penal do inimigo.

Antes dessa conferência, Jakobs já tinha seu livro *Sociedade, norma e pessoa* na qual realiza uma análise histórica da filosofia política iluminista, desde Hobbes até Kant, procedendo uma análise fundamentada para estabelecer parâmetros diferenciadores entre pessoa e cidadão, justificando um tratamento diferenciado para cada um, em razão do papel desempenhado por eles na sociedade, funcionalizando

---

[6]   Conforme cita Greco (2005, p. 216) e D'Avila (2009, p. 41), o título original do referido trabalho em alemão: *Das Selbstverständnis der Strafrechtwissenschft vor den Herausforderungen de Gegenwart (Kommentar)*.

o conceito de pessoa. Com esse substrato teórico, passa a construir e buscar uma legitimidade para o direito penal do inimigo.

Jakobs leva essa construção teórica para ser apresentada na Conferência do Milênio em Berlim, como explica Conde (2012, p. 25-26), expondo com clareza e contundência a necessidade de reconhecer e admitir a existência, nos ordenamentos jurídicos atuais, de um direito penal muito mais severo do que o tradicional. E procede a explicação das diferenças entre esses dois sistemas penais.

O direito penal tradicional é o direcionado à tarefa de restabelecer a vigência da norma violada pelo delinquente e a confiança dos cidadãos no direito, mediante a aplicação da pena. Tal direito penal possui inspiração em conceitos flexíveis e funcionais, bem como respeitosos e adequados ao sistema de garantias e limites do poder punitivo estatal, logo, de acordo com o Estado democrático de direito.

Já o outro sistema penal, mais rígido, identificada por Jakobs sua existência no ordenamento jurídico, se inclina para exercer seu poder a fim de restabelecer a confiança no direito e no sistema por meio de uma segurança cognitiva e, para isso, utiliza-se de instrumentos diferenciados do direito penal tradicional, fazendo uso de penas desproporcionais, entre o fato praticado e a pena aplicada, penaliza condutas que não representam uma ameaça ou perigo para um bem jurídico, antecipando a punição estatal para atos preparatórios e reduz ou, até, elimina, garantias e direitos do investigado/processado no processo penal, com o objetivo de "combater" de forma mais eficaz os inimigos (Conde, 2012, p. 25).

Nessa apresentação, Jakobs abandona o conteúdo crítico e o tom de alerta sobre os malefícios da aplicação e existência desse tipo de legislação inserida no ordenamento jurídico, como feito em 1985. Agora ele, de forma acrítica, passa a tecer comentários descritivos sobre o assunto e a fazer a diferenciação entre cidadão e inimigo, passando até a legitimar a atuação e existência do direito penal do inimigo, apenas alertando, ainda, a necessidade de uma nítida separação entre esses dois sistemas, a fim de que eles não se misturem, para poder proporcionar uma segurança ao cidadão.

A polêmica foi posta e posicionamentos contrários foram expostos durante a conferência, conforme nos relata Conde (2012, p. 26), alertando sobre o perigo do pensamento exposto por Jakobs para o Estado de direito.

Tal pensamento não ecoou de imediato. Até a virada dos anos dois mil o direito penal do inimigo permaneceu como uma ideia quase que ignorada, não ultrapassando o campo acadêmico. Lembra-nos Greco (2005, p. 221) que os estudiosos do direito penal usavam do conceito para criticar novas tendências que se apresentavam nas legislações penais de cada país, ou relatavam as problemáticas dogmáticas específicas do tema. Sem muita importância ou relevância. Mas vários acontecimentos ocorreram e mudaram o rumo da amplitude das ideias propugnadas por Jakobs, colocando em evidência a concepção sobre o direito penal de inimigo ante um perigo que se revelava.

Com os fatídicos ataques terroristas de 11 de setembro de 2001 ao World Trade Center em Nova Yorque e ao Pentágono em Washington, e outros atentados de igual monta que se espalharam pelo mundo em sequência, como da estação de Atocha de Madri em março de 2004, o tema saiu do esquecimento, e passou a ganhar relevância e a ser debatido, em especial pela criação ou colocação em prática de legislações de combate ao terrorismo que exacerbavam a amplitude de atuação do direito penal e, ao mesmo tempo, extirpava vários direitos e garantias constitucionais do cidadão em prol de um combate efetivo a um inimigo que se mostrava: o terrorismo.

Nesse caminho, países criaram leis mais severas, ou até mesmo passaram a utilizar de leis já existentes, mas não aplicadas, para efetivar o combate ao terrorismo de forma mais eficaz, utilizando-se de instrumentos que aumentassem o poder estatal na busca de evitar a realização de novos ataques ante a existência de um perigo real e a possibilidade de outros atentados, colocando em risco toda a coletividade.

Bem como, por outro caminho, com a, digamos, "popularização" de métodos penais mais invasivos na seara individual do criminoso, nações pegaram "carona" nessa moda e realizaram modificações legislativas no objetivo de combater de forma mais eficiente o que para eles, dentro dos seus respectivos territórios, deveriam ser tratados como inimigos, a exemplo das organizações criminosas e o tráfico de drogas.

5.2 O que se entende por direito penal do inimigo (*Feindstrafrecht*) e direito penal do cidadão (*Bürgerstrafrecht*): a funcionalização do conceito de pessoa

Após a sua palestra em 1985, Jakobs lança estudos indicando que dentro do sistema jurídico-penal existiriam normas diferenciadoras para determinadas condutas em razão do tipo de crime cometido pelo agente, variando também a intensidade da intervenção penal. Nesses estudos, Jakobs, procedendo essa diferenciação, lança as sementes do que seriam dois tipos de direito penal, um voltado ao cidadão e outro para o que ele denomina de inimigo, que seria o início para o desenvolvimento, dessa vez não crítico, mas sim descritivo e legitimador, de um direito penal do inimigo. Para isso, Jakobs passa a sustentar uma funcionalização do conceito de pessoa e o papel, função, que exerce dentro da sociedade e o dever de observância das expectativas normativas postas.

Inicialmente desenvolveu seus pensamentos com base nas ideias jusfilosóficas de Hobbes e Kant, em que afirma que ambos estabeleciam sanções diferenciadas ao cidadão e à pessoa que se desvia por princípios.

Segundo Jakobs, Hobbes, em seu livro *Leviatã*, despersonalizava o réu de alta traição, pois este nega, por princípio, a constituição existente. Já Kant entende não se tratar de pessoa quem constantemente ameaça o sistema, quem não se deixa obrigar a entrar em estado de cidadão, colocando em risco o legitimo direito do cidadão à segurança (Jakobs, 2005, p. 29). Sobre Hobbes, ele escreve:

> Todavia, aproximadamente 150 anos antes, um iluminista já havia apresentado um conceito diferenciado. (...) Hobbes distingue entre o delinquente cidadão e o alto traidor; aquele é condenado segundo leis promulgadas, mas este é combatido como inimigo, e a razão dessa diferença é evidente, uma vez que aquele busca uma vantagem individual, o que, com efeito, não deve ser tolerado, mas não coloca em dúvida o todo, enquanto este último, o alto traidor, combate o princípio, e o princípio, em Hobbes, está encarnado na soberania concreta. (Jakobs, 2008, p. 37).

Então Jakobs busca uma funcionalização do conceito de pessoa, entendendo o inimigo como não pessoa de fato (Jakobs, 2008, p. 105) e passa a fundamentar a razão.

A priori, o ordenamento jurídico deve manter o criminoso dentro do sistema do direito em razão de que ele tem o direito de voltar a se ajustar com a sociedade, reintegrar e ressocializar, e para isso é importante que seja mantido o seu *status* de cidadão. Porém, o reiterar da conduta criminosa demonstrando que o agente não possui nenhum interesse em se reintegrar à sociedade, violando as normas, acaba por retirar dele o *status* de cidadão, para ser visto, agora, como um inimigo.

Para Jakobs, pessoa é o destinatário de expectativas normativas, titulares de deveres e direitos, dirigindo tais expectativas a outras pessoas. A pessoa não é algo dado pela natureza, mas sim uma construção social, sendo diferente de um ser humano, pois este é um resultado de processos naturais (Jakobs, 2003, p. 20).

O ser humano e o cidadão (pessoa) são formas distintas, em que aquele é resultado de um processo natural (nascimento). Ser pessoa significa representar um papel, é exteriorização de uma competência socialmente compreensível. Os indivíduos, como partícipes de uma sociedade – criação de um mundo objetivo – definem-se pelo fato de que para eles o mundo objetivo é valido, ou seja, eles aceitam e coadunam com as normas postas, respeitando-as (Jakobs, 2003, p. 30-31).

"Só é pessoa quem oferece uma garantia cognitiva suficiente de um comportamento pessoal, e isso como consequência da ideia de que toda normatividade necessita de uma cimentação cognitiva para poder ser real" (Jakobs, 2005, p. 45). Logo, pessoa é um produto social, inserido em um contexto (social-político-normativo), detentor de direitos e deveres.

Nesse entendimento funcionalista, o direito penal tem o seu desenvolvimento no campo social, de forma comunicativa. A função que deve ser garantida pelo direito penal é a de respeito às normas. Assim, o direito penal deve verter garantias ao cidadão fiel ao direito, a da pessoa em direito, isto é, o titular de deveres e direitos. Será tratado como pessoa na medida em que se conduza de acordo com a norma. Mas, se, de maneira permanente, se comportar violando o determinado pela norma, converte-se em um inimigo, ou seja, em uma não pessoa (Jakobs, 2003, p. 54).

Em resumo, cidadão é o resultado da unidade de direitos e deveres somada ao respeito pelo direito e às garantias cognitivo-comportamentais.

Tudo dependerá da mensagem que a pessoa quer passar para os demais integrantes da sociedade dentro desse processo comunicativo que é o seu agir, conforme ou não o direito, cumprindo ou não as expectativas normativas nele depositadas pelos demais atores sociais.

De outro lado, temos o inimigo. Este desconhece esse dever, em especial de respeitar as leis. Uma pessoa se converte em um inimigo quando nega sua racionalidade de modo demasiado evidente ou estabelece sua própria identidade de forma excessivamente independente das condições de uma comunidade jurídica. Atuando dessa maneira já não mais poderá ser tratado razoavelmente como pessoa em direito (Jakobs, 2003, p. 46), ou seja, cidadão. Será tratado como um inimigo.

Assim, Jakobs define o inimigo:

> O inimigo é um indivíduo que, de modo não apenas passageiro, em sua postura, ou em sua vida ativa ou, principalmente, através da associação a uma organização, ou seja, em toda caso, de forma supostamente duradoura, afasta-se do Direito e, nesse sentido, não garante a segurança cognitiva mínima de um comportamento típico de pessoa, demonstrando esse déficit por meio de seu comportamento. (Jakobs, 2008, p. 104).

A partir desse entendimento, o inimigo é aquele que coloca em risco toda a coletividade, quem, com seu comportamento corriqueiro, se porta de modo contra a legislação posta. É um risco à convivência social e à paz pública. Não oferece garantias de um comportamento pessoal voltado para a respeitabilidade das leis, das expectativas normativas vigentes. Ao contrário, a todo momento dá provas de que não possui nenhum interesse em se comportar com base nas leis.

O inimigo deve ser combatido, é uma pessoa que é fonte de perigo. Não só de forma individual, mas sim para toda a coletividade, pois põe em risco toda a comunidade.

O termo *inimigo* utilizado por Jakobs em sua construção advém do latim *inimicus*, que significa criminoso. Não trabalha ele com o conceito de inimigo utilizado por Carl Schmitt, o vocábulo latino *hostis*, que tem como significado o estrangeiro, forasteiro, pessoa que é desconhecida, estabelecendo uma dicotomia entre cidadão e estrangeiro, e não entre cidadão e criminoso, como trabalha Jakobs, ao assumir que seria um erro grosseiro caso essa identidade existisse. Assim ele escreve:

> Conceito aqui apresentado não é congruente com o conceito de inimigo, dada maneira como é constituído em Carl Schmitt, com o inimigo como adversário existencial. Em Carl Schmitt, o conceito do político é um conceito teológico secularizado, que mais distingue os tementes a Deus dos ateus do que adversários políticos no entendimento corrente. O conceito de Schmitt não trata de um criminoso, mas de *hostis*, de outros; no Estado, somente se chega a um confronto político, no sentido de Schmitt, no caso de uma guerra civil. Em contrapartida, o inimigo do Direito Penal do Inimigo é um criminoso do tipo de que supõe permanentemente perigoso, um *inimicus*. Ele não é um outro, mas devia se comportar como um igual e, por essa razão, é-lhe também imputada a culpa penal, diferentemente do *hostis* de Schmitt. Se, nas minhas exposições, eu tivesse me referido a Carl Schmitt, isso seria uma incorreção crassa. (Jakobs, 2008, p. 42-42).

Nessa concepção, inimigo e cidadão estão em igualdades, não são estranhos, mas, enquanto o cidadão tem um comportamento de forma adequada com a norma, se comportando segundo as expectativas de comunicação da sociedade, o inimigo, por outro lado, é aquele que não respeita essa norma, na qual se comporta contrário ao mandamento normativo, negando, de forma contumaz, a vigência e a validade da norma, contrariando as expectativas normativas, colocando em perigo toda a sociedade e a sua manutenção, sendo, portanto, uma fonte de perigo, razão pela qual seria justificável o incremento das medidas penais e processuais penais contra este que se comporta de forma reiterada contra o sistema.

Porém, quem seria responsável por identificar o inimigo? Para Jakobs, tal responsabilidade cabe à própria sociedade. A sociedade é quem define quem se inclui ou não dentro dela, determinando quem é incluído e quem deverá ser excluído, afastando, assim, o criminoso reiterado do seu convívio, pois a sociedade exige que ele não cometa crimes.

Com essa diferenciação, aduz Jakobs que o Estado pode ver o criminoso como o que tenha cometido um erro – cidadão –, ou como um indivíduo que quer destruir o ordenamento jurídico – inimigo –, utilizando, para cada situação, duas formas de direito, dizendo da seguinte forma:

> O Estado pode proceder de dois modos com os delinquentes: pode vê-los como pessoas que delinquem, pessoas que tenham cometido um erro, ou indivíduos que devem ser impedidos de destruir o ordenamento jurídico, mediante coação. Ambas perspectivas têm, em determinados âmbitos, seu lugar legítimo, o que significa, ao mesmo tempo, que também possam ser usadas em um lugar equivocado.

Assim, a depender da ótica estatal, e da sociedade, de como se comporta o criminoso adequando a reação penal para tal comportamento, Jakobs passa a desenvolver a identificação do que ele denomina de direito penal do inimigo, em contraposição ao direito penal do cidadão.

Ele, como dito, já se referia a Hobbes e Kant que distinguiam dois tipos de direito penal a depender da conduta do criminoso: um direito penal do cidadão, sendo utilizado contra pessoas que não delinquem de modo persistente; e um direito penal do inimigo, contra quem se desvia por princípio. Nesse sentido, Jakobs entende essas duas visões de direito penal como dois polos de um mesmo mundo (Jakobs, 2005, p. 29).

Mas, apesar de serem dois polos de um mesmo mundo, faz-se necessária a separação clara de ambos para que não exista perigo algum de que possa ocorrer infiltração por meio de uma interpretação sistemática, ou por analogia ou por qualquer forma de incidência do direito penal do inimigo no direito penal do cidadão. Deve haver uma limitação ao direito penal do inimigo.

O direito penal do cidadão *(Bürgerstrafrechet)* se caracteriza em razão de que o autor do fato é pessoa cidadão *(bürger)*. É um direito penal aplicado a todos, dirigido ao infrator que desviou a sua conduta e praticou um crime, mas não coloca em perigo o Estado ou as instituições e que, após a aplicação da pena, se ajustará ao direito. Para ele a pena é sanção aos fatos cometidos e o restabelecimento da vigência da norma. E há a exigência da observância aos direitos e garantias penais e processuais penais.

Enquanto isso, no direito penal do inimigo *(feindstrafrecht)*, o agente é um indivíduo que, mediante seu comportamento, sua ocupação profissional e sua vinculação a uma organização criminosa, abandona o Direito de modo, supostamente, duradouro e não de maneira incidental (Silva Sanchez, 2013, p. 196), sendo ele fonte de perigo.

Tal direito penal se aplica ao sujeito que nega o respeito às normas; esse modo de agir expõe um comportamento antinormativo, vulnerabilizando a expectativa de segurança das demais pessoas, o que legitima a aplicação da sanção ao inimigo *(feind)*.

O direito penal do inimigo busca combater perigos e, como já dito, o próprio sujeito é a fonte do perigo. Nisso, busca-se a criminalização de atos preparatórios, havendo uma antecipação penal punitiva. A pena se dirige à segurança diante de fatos futuros, ocorrendo uma flexibilização dos direitos e garantias penais e processuais penais.

Esclarece Jakobs que a tarefa do direito penal do inimigo é mais "garantir segurança do que a de preservar a eficácia jurídica", em que tal finalidade se revela na da pena e nos tipos penais correspondentes (Jakobs, 2008, p. 47). É ele uma repulsa, institucionalizada ao perigo que se materializa na ação reiterada do criminoso, inimigo.

Assim, no que diz respeito aos tipos penais, ocorre uma antecipação à conduta. O direito penal, ao confeccionar os tipos, não espera por um resultado danoso ao bem jurídico, mas antecipa-se a essa ofensividade tipificando condutas que, em um direito penal do cidadão, seriam caracterizadas como atos preparatórios.

A pena transpassa a sua finalidade de prevenção geral positiva, ganhando uma norma faceta, que é o afastamento do perigo. A pena objetiva retirar de circulação a fonte do perigo pelo maior tempo possível. Razão pela qual as penas cominadas, em abstrato, são elevadas, quando da ocorrência da tentativa, e, até mesmo, para atos que não ocorreram nenhuma lesão, ou seja, onde criminaliza atos preparatórios aplica-se penas altas, pois o que se objetiva é a proteção da sociedade contra o agente perigoso, e isso ocorre com o uso da pena privativa de liberdade por um tempo exacerbado.

Assim, aduz Jakobs (2008, p. 46-47) sobre o tema da pena:

> Na prática, a proteção contra o agente ficará em primeiro plano, seja por meio de uma custódia de segurança caracterizada como tal, seja através de uma pena privativa de liberdade que garante segurança, que seja proporcionalmente alta. Esta última é uma das razões – além da mera intimidação – para as altas penas cominadas à formação de uma organização terrorista; não é possível explicar essas penas pelo que já aconteceu – a segurança pública foi afetada, mas, até então, não se iniciou qualquer lesão – mas somente pelo perigo existente.

E complementa com uma análise geral de como se comporta o direito penal do inimigo:

> Há muitas outras regras do Direito penal que permitem apreciar que naqueles casos nos quais a expetativa de um comportamento pessoal é defraudada de maneira duradoura diminui a disposição em tratar o delinquente como pessoa. Assim, por exemplo, o legislador está passando a uma legislação – denominada abertamente deste modo – de luta, por exemplo no âmbito da criminalidade econômica, do terrorismo, da criminalidade organizada, no caso de delitos sexuais e outras infrações penais perigosas, assim como, em geral, no que tange aos crimes. Pretende-se combater, em cada um desses casos, a indivíduos que em seu comportamento, em sua vida econômica ou mediante sua incorporação a uma organização se tem afastado, provavelmente, de maneira duradoura, ao menos de modo decidido, do Direito, isto é, que não proporciona a garantia cognitiva mínima necessária a um tratamento como pessoa. A reação do ordenamento jurídico frente a esta criminalidade, se caracteriza (...) pela circunstância de que não se trata, em primeira linha, da compensação de um dano à vigência da norma, mas da eliminação de um perigo: punibilidade avança um grande trecho para o âmbito da preparação, e a pena se dirige à segurança frente a fatos futuros, não a sanção de fatos cometidos. (Jakobs, 2005, p. 34-36).

Observamos, dessa forma, que a função essencial do direito penal do inimigo é a eliminação de um perigo e, para efetuar essa finalidade, faz uso de instrumentos tanto de natureza de direito material como processual penal, afastando, inclusive, direitos e garantias constitucionalmente previstas.

Em nosso ordenamento jurídico, algumas medidas indicam a existência de um direito penal do inimigo, e podemos citá-las separando-as em medidas de natureza penal e as de natureza processual.

No primeiro caso: criação de crimes de perigo abstrato, sem ofensividade e periculosidade; criminalização de atos preparatórios; agravação de penas sem proporcionalidade entre gravidade do fato e a pena; concepção de pena como forma de garantir segurança; nomenclatura legislativa que indica combate/guerra (por exemplo: leis de combate às organizações criminosas etc.).

Como exemplos de medida de natureza processual, teríamos: restrições das garantias e direitos; alargamento dos prazos e incidência das possibilidades de prisão preventiva e temporária; dilação dos prazos investigatórios e de detenção "para fins investigatórios"; inversão do ônus da prova; generalização de métodos investigativos excepcionais; normas de direito penitenciário com recrudescimento e classificação dos presos – a exemplo no Brasil do Regime Disciplinar Diferenciado (RDD); limitação e ou proibição de progressão de regime.

Em escritos, Jakobs reforça a ideia de que tais medidas penais e processuais já se encontram no ordenamento jurídico, e ele apenas procede a descrição, levantando as características do que já existe normatizado. Não sendo seu mister fazer a criação do direito penal do inimigo nem a rotulação de alguém como cidadão ou inimigo. O próprio sistema normativo já assim procede (Jakobs, 2008, p. 27).

Diante dessa descrição, e existência normativa, resta-nos questionar se tal direito penal do inimigo possui legitimidade de atuação, podendo ele existir paralelamente a um direito penal do cidadão, conjugado com os direitos e garantias fundamentais do cidadão.

Muñoz Conde entende que, uma vez constada a existência de alguns preceitos na legislação penal e que se iguale ao quanto descrito como características de direito penal do inimigo, é necessário fazer o cotejo para verificar se eles estão em consonância com os princípios fundamentais do Estado de direito e se respeitam os direitos fundamentais constitucionalmente fixados. Passando por esse filtro da constitucionalidade é que se poderá afirmar sobre sua legitimidade e permanência ou não no ordenamento jurídico.

Para Jakobs (2005, p. 29), o direito penal do inimigo se legitima como um direito dos cidadãos à segurança, uma vez que se deve exigir do Estado que tome as medidas adequadas para a manutenção da segurança combatendo indivíduos que reincidem reiteradamente no cometimento de delitos, por se constituir em um dever deste.

Jakobs, desde 1985, falava que para ocorrer essa legitimação o direito penal do inimigo deve ser bem delimitado, encontrar limites, não podendo existir pontos de interseção entre ele e o direito penal do cidadão, devendo existir uma barreira clara e definida entre eles para que o direito penal do cidadão não venha a sofrer influxos do direito penal do inimigo, no sentido de que "um direito penal do inimigo, claramente delimitado, é menos perigoso, desde a perspectiva do Estado de direito, que entrelaçar todo o Direito penal com fragmentos de regulações próprias do direito penal do inimigo" (Jakobs, 2005, p. 49).

Como toda e qualquer norma produzida pelo parlamento, o direito penal do inimigo, ou, se preferir, um direito penal que se volte a reduzir garantias do criminoso que comete crimes merecedor de maior reprimenda, deverá ser posto sob o crivo da constitucionalidade. A confecção de crimes abstratos, que punam atos preparatórios, penas elevadas sem que haja concreta lesão, bem como os instrumentos processuais e de investigação que tenham maior inserção restritiva na liberdade do agente devem ter essa concordância com o quanto estruturado pelo ordenamento constitucional.

O Estado tem o dever de punir mais severamente crimes que tragam maior danosidade para o seio social, bem como inovar em mecanismos de investigação e prevenção de tais condutas, mas dentro de limites. Limites estes impostos pelos direitos e garantias individuais que não podem ser aleijados por tal legislação punitiva. Respeitando esse limite ético-constitucional, a criação de leis com esse viés poderá ser legitimada no ordenamento jurídico.

Pois, no entender de Jakobs (2008, p. 41):

> O direito Penal do Inimigo não constitui um código de normas para a destruição ilimitada, mas sim, no Estado de Direito gerido de forma inteligente, uma *ultima ratio* a ser aplicada conscientemente como exceção, como algo que não se presta a um uso duradouro. Mas, para chegar a essa autolimitação, é necessário saber, antes de tudo, o que se "tem mãos" no caso das regras de Direito Penal do inimigo. A suposição de que todo Direito seria Direito para qualquer pessoa, pois não poderia ser de outra forma, camufla, em sua representação inocente da situação, a exclusão do inimigo no que diz respeito aos seus direitos e, por conseguinte, abafa o sinal de advertência da exceção.

Logo, tal direito penal do inimigo, em busca de sua legitimidade, deverá encontrar compatibilidade com os direitos e garantias fundamentais constitucionalmente previstos e ser aplicado como exceção, não de forma corriqueira, devendo ter um espaçamento do direito penal voltado para o cidadão. Nesses termos, poderia se pensar em uma possível legitimidade.

Mas as críticas recebidas por essa proposta descritiva de Jakobs não veem o tema com olhos tão românticos e tecem comentários em que o direito penal do inimigo não pode sequer ser taxado de direito, quanto mais receber qualquer tipo de legitimação.

5.3 Ele está entre nós: expressões legislativas do direito penal do inimigo no ordenamento nacional

Nas últimas linhas do seu artigo de 1985, Jakobs escreve que o Código Penal alemão, "em sua configuração atual, oculta em não poucos pontos o extravasamento dos limites que correspondem a um Estado de Liberdade" (2003, p. 143). Com isso, o autor quer dizer que na referida codificação daquela época existiam muitas expressões do que ele podia caracterizar como materialização do direito penal de inimigo.

Apesar das críticas há pouco expostas, podemos observas que, hodiernamente, em especial na legislação penal brasileira, tanto a codificada como a esparsa, encontramos as digitais do direito penal do inimigo. Leis que foram produzidas há algum tempo, bem como leis que entraram em vigor recentemente ou que ainda estão em discussão como projetos de lei. É o que agora passaremos a analisar.

Sobre essa constatação, Conde (2012, p. 28) já escrevia no sentido de que o direito penal do inimigo não é invenção de Jakobs, mas sim uma realidade evidente e cada vez mais preocupante, uma vez que leis que deveriam ser de exceção já existem anteriormente em vários ordenamentos jurídicos, inclusive o brasileiro, seja para reger o combate ao terrorismo interno ou outras modalidades criminosas, como a organizada e o tráfico de drogas. Conde professa o seu alerta com uma previsão:

> A existência de um direito penal do inimigo, com este ou outro nome, não é uma invenção do Sr. Jakobs, senão uma realidade evidente e cada vez mais preocupante que ameaça se estender como um furacão, favorecido pelo vento do medo e da insegurança dos cidadãos, por todos os países, incluídos aqueles que tradicionalmente foram os mais

respeitosos do Estado de Direito, levando consigo princípios básicos e o reconhecimento dos direitos fundamentais que constituem a base da regulamentação jurídica da convivência tanto em nível interno como internacional. (Conde, 2012, p. 28).

Podemos afirmar que o Brasil pós-Constituição de 1988 é um país que, tanto na produção legislativa como na aplicação das leis penais e processuais pelo Poder Judiciário, respeita os direitos e garantias fundamentais do cidadão e profere a respeitabilidade por um direito penal garantista. Mas podemos constatar que existe um toque, às vezes sutil, outras vezes mais evidente, de direito penal do inimigo inserido, ainda que não tenham sido taxadas com esse rótulo pela doutrina, em algumas legislações nacionais já em vigor, em projetos de lei que se encontram em debate no parlamento.

Como exemplo, podemos citar a lei dos crimes hediondos, a lei de organizações criminosas, a Lei nº 9.614/1998, denominada lei do abate, dentre outras, além de projetos de lei que estão sob a apreciação do Congresso Nacional, a exemplo do PL nº 5365/20, que criminaliza o chamado "novo cangaço".

São leis que traduzem em normas o direito penal do inimigo. Expressam conceitos de "guerra", "combate", objetivando frear com maior eficiência a ocorrência de tais crimes, bem como punir com severidade os agentes.

Tais leis trazem consigo medidas de exceção, como originalmente a Lei nº 8.072/90, que vetava a progressão de regime para os condenados em crimes taxados de hediondo. Proibição esta que, posteriormente, foi declarada inconstitucional pelo Supremo Tribunal Federal no *habeas corpus* n. 82.959/SP, tendo como relator o então Ministro Marco Aurélio, julgado em 2006. Bem como o aumento do prazo da prisão temporária, passando a ser de trinta dias, prorrogáveis por mais trinta, nos casos de investigação envolvendo os crimes tidos como hediondos, e não os protocolares cinco dias, prorrogáveis por mais cinco, disciplinado na regra geral da Lei nº 7.960/89.[7]

A Lei nº 9.614/1998, conhecida como lei do abate, autoriza que sejam abatidos aviões que não respeitem os avisos dados pela autoridade competente para que pousem, quando houver suspeitas

---

[7] "Art. 2º: A prisão temporária será decretada pelo Juiz, em face da representação da autoridade policial ou de requerimento do Ministério Público, e terá o prazo de 5 (cinco) dias, prorrogável por igual período em caso de extrema e comprovada necessidade."

declaradas como hostis. Sendo caracterizado como hostil quando esgotados os meios coercitivos legalmente previstos, ficando sujeito à medida de destruição. Nos termos da lei, a autorização será dada pelo Presidente da República ou autoridade por ele delegada, conforme determina o art. 1º da referida lei.

Tem-se a aeronave como inimiga, hostil, sujeitando o piloto, tripulação e passageiros, a uma "sentença de morte" mediante uma decisão de natureza administrativa, sem o devido processo legal, e sem a permissão constitucional, pois no Brasil não existe pena de morte, salvo em caso de guerra declarada, o que não é o caso da lei. Mas, até a presente data, não foi essa lei submetida ao filtro constitucional.

A lei das organizações criminosas, Lei nº 12.850/2013, que inova o sistema ao regular novas possibilidades de investigação e meios de obtenção de provas para tais crimes, elencados no seu art. 3º, a exemplo da colaboração premiada, da ação controlada, a infiltração de agentes etc. Técnicas que interferem ainda mais na seara íntima do agente criminoso.

Como paradigma de uma produção legislativa ainda em fabricação, mas que já podemos verificar a influência do direito penal do inimigo em sua estrutura, temos o Projeto de Lei nº 5365/20, que oficialmente tipifica o crime de domínio de cidades, popularmente conhecido o movimento criminoso como "novo cangaço", que altera o Código Penal e a lei dos crimes hediondos.

Diariamente, os noticiários televisivos e os sítios de informação na internet veiculam a atuação dessas organizações criminosas levando o medo e a insegurança para as cidades do nosso país. Não se limitam a determinadas regiões, ao contrário, possuem engajamento em diversos lugares, desde o Norte-Nordeste até o Sul. Não há cidade que tenha um banco que esses criminosos não atuem.

Destacam-se pelo seu proceder, com alto poder bélico, fazendo uso de armamentos pesados por vezes destinados apenas, dentro da legalidade, para as forças armadas. Fazem cidadãos de reféns e, por vezes, de escudo humano, objetivando o sucesso na empreitada criminosa, incapacitando a atuação das polícias, civis e militares, realizando fugas cinematográficas, trilhando o caminho da impunidade.

Tal movimento criminoso acabou por ser denominado pela mídia de "novo cangaço", e o crime recebeu o nome jurídico de domínio de cidades.

Ciente do ocorrido, incumbidos de seu mister legislativo, tendo em vista a necessária observância ao princípio da legalidade, os representantes do povo na Câmara dos Deputados aprovaram projeto de lei para criar medidas penais a fim de punir mais severamente esse novo tipo de criminalidade organizada.

Trata-se do Projeto de Lei nº 5.365, de 2020, que traz modificação no Código Penal para tipificar os crimes de domínio de cidades e de intimidação violenta no art. 157-A do Código Penal, bem como alterar a Lei nº 8.072/90, lei dos crimes hediondos, para que seja classificado como hediondo.

Tal projeto já foi aprovado em agosto de 2022 na Câmara dos Deputados e encaminhado para a casa revisora, o Senado Federal, para a sua devida aprovação e futura sanção, ou veto presidencial.

Analisando detidamente o referido projeto de lei, podemos observar a influência do direito penal do inimigo insculpido nesta novel legislação. Senão vejamos.

Ao tipificar tal conduta, o legislador etiquetou os autores de tais condutas como inimigo, na medida em que perceberam que eles, por seu modo de vida, reiteração de condutas, não respeitam as normas, as leis nem o sistema. Colocam em risco toda a sociedade, não oferecendo uma garantia cognitiva suficiente de comportamento pessoal voltado para a respeitabilidade normativa.

Na confecção do projeto, verifica-se que o Estado, por meio do Poder Legislativo, até o momento, vê tais indivíduos como ameaças concretas e que devem ser impedidos de destruir o ordenamento jurídico mediante coação (Jakobs, 2005, p. 25) de serem submetidos a leis mais severas. Encaixa-se perfeitamente nessa abordagem o conceito de inimigo doutrinado por Jakobs.

Podemos, também, observar mais expressões do direito penal do inimigo, abordado anteriormente, no referido projeto de lei. Tais crimes passariam a ter as maiores penas, em abstrato, tipificadas na legislação penal, chagando até o patamar de 40 anos, quando da ação resultar morte (art. 157-A, §2º, II), mesmo sabendo que nossa Constituição Federal só permite o cumprimento máximo de pena até trinta anos. Concretiza-se assim a equação propugnada por Manuel Cancio Meliá (2005, p. 65), um direito penal simbólico somado a um punitivismo, tendo como resultado o direito penal do inimigo.

Outro sinal latente do direito penal do inimigo é a punibilidade dos atos preparatórios. Fugindo a regrado do princípio do direito penal *cogitationis poenam nemo patitur* e da lesividade (ofensividade), o projeto traz em seu bojo a criminalização dos atos preliminares ao disciplinar que *os atos preparatórios ao crime estabelecido neste artigo serão punidos com a pena correspondente ao delito consumado, diminuída de 1/4 (um quarto) até 1/3 (um terço)* (art. 157-A, §3º; art. 288-A, §5º), diferenciando-se da regra geral do art. 14, II,[8] parágrafo único do Código Penal, que é um a dois terços.

E, por fim, temos que tais crimes, uma vez tornado lei, serão qualificados como crime hediondo, trazendo consigo todas as consequências processuais e matérias previstas em seu corpo, o que, para alguns autores (Habibi, 2016, p. 41) já é uma expressão legislativa do direito penal do inimigo.

Dessa forma, ao analisarmos essa legislação vindoura, podemos identificar em sua natureza o DNA do direito penal do inimigo. Apesar das críticas sofridas com a crescente criminalidade, esse sistema, por vezes, é bem recepcionado por quem busca uma forma mais severa, dentro das balizas constitucionais, de punir e evitar os crimes, impedindo o seu cometimento e dando maior sensação de segurança para a sociedade.

Como reflete Jakobs (2005, p. 49-50), *um direito penal do inimigo, claramente delimitado, é menos perigoso, desde a perspectiva do Estado de Direito, que entrelaçar todo o Direito Penal com fragmento de regulação próprias do Direito penal do inimigo.*

Nessa contextualização, não podemos negar a existência de um direito penal do inimigo incrustrado em nosso ordenamento jurídico. O que podemos questionar é a sua compatibilidade com o sistema do Estado democrático de direito e o reconhecimento e respeito aos direitos e garantias fundamentais expostos na nossa Constituição Federal de 1988.

O que devemos nos preocupar não é apenas que essa realidade exista e seja acolhida em textos legais e até em decisões judiciais, mas que, além disso, sejam legitimadas e fundamentadas como construções teóricas mais ou menos brilhantes tendentes a abarcar um tipo de ideologia que não cabe dentro de um Estado democrático de direito.

Nessa toada, é válido o posicionamento de Lúcio Antônio Chamon Júnior (*in* Jakobs, 2008, p. 140-141), ao escrever que:

---

[8] "Art. 14 – Diz-se o crime: II – tentado, quando iniciada a execução, não se consuma por circunstâncias alheias à vontade do agente. Pena de tentativa. Parágrafo único – Salvo disposição em contrário, pune-se a tentativa com a pena correspondente ao crime consumado, diminuída de um a dois terços."

O que se torna central, portanto, é uma postura a assumir uma interpretação reconstrutiva do Direito, para lidar com aquilo que, segundo Jakobs, pode ser considerado como a "sujeira do dia a dia" no campo do Direito Penal de um Estado de Direito. "Abolir" um Direito Penal do Inimigo não depende tão-somente de um movimento legislativo a modificar toda a legislação penal de emergência; antes refere-se, inclusive, a um exercício cotidiano de busca por um juízo de correção normativa caso a caso, em que as normas penais e processuais penais aplicadas sejam assim interpretadas em consonância com o sistema de direitos fundamentais. Do contrário, estaríamos, aí sim, fora do Estado de Direito.

Imbuído desse espírito, é que o legislador ordinário propõe tal acréscimo no Código Penal. Onde, em cenas dos próximos capítulos, ocorrendo a sanção presidencial, esperaremos seu desembarque no Supremo Tribunal Federal para analisar a constitucionalidade das mudanças e como será abordada a doutrina do direito penal do inimigo na ótica dos ministros que lá estarão, procedendo a possíveis correções normativas, como ocorreu com a lei 8.072/90.

5.4 Críticas ao direito penal do inimigo

O assunto debatido não é dos mais aceitos entre os estudiosos do direito penal. Ao contrário: desde sua introdução, os debates têm sido acalorados, despertando posicionamentos a favor e contra a aplicação do direito penal do inimigo. O próprio Jakobs reconhece essa pouca, ou quase nenhuma, aceitação do tema, chegando a ser até um assunto *non grato* em debates sobre a dogmática penal, sendo politicamente incorreto pronunciar sobre ele; escrevendo Jakobs, trata-se de um tema tão delicado que:

> Segundo uma opinião muito difundida, seria politicamente incorreto pronunciar-se sobre ele. Mas, da mesma forma que não nos livramos de nossa feiura recusando-nos a olhar no espelho, tampouco solucionamos o problema do direito penal do inimigo não falando dele. E uma ciência sempre politicamente correta não pode obedecer a um código que lhe é estranho. (Jakobs, 2008, p. 25).

Como analisado, o direito penal não é estranho à ciência do direito. Está inserido no sistema, seja por leis esparsas, seja codificado, tanto no direito penal material como no processual. Assim, faz-se necessário o seu estudo e a viabilidade, ou legitimidade, de sua existência no ordenamento jurídico. Logo, críticas não faltarão para ele. Mas, como diz Jakobs, não podemos fechar os olhos para ele achando que com um passe de mágica desaparecerá. A realidade deve ser encarada e trabalhada da melhor forma para que este tipo de direito penal seja adequado ao Estado democrático de direito e respeite as garantias e direito do cidadão constitucionalmente previstos. Para isso, as críticas levantadas ante o direito penal do inimigo são assaz pertinentes e adequadas para o enriquecimento do debate.

Evidenciada a ideia do direito penal do inimigo, ela recebe censura, provocando tomadas de posição tão decididas e apaixonadas (Greco, 2005, p. 213).

Uma das primeiras observações críticas ao direito penal do inimigo é de que sequer poderia receber tal nomenclatura: direito penal.

Para os que assumem esse posicionamento desfavorável, o direito penal do inimigo é uma contradição em seus termos, por negar direitos àqueles que ele denomina de inimigos. Cristaliza algo distinto do que normalmente se chama de direito penal. Mais ainda ao indicar que o direito penal do inimigo é um direito penal do autor, torna-o ilegítimo por violar o princípio liberal do direito penal do fato ao imputar a responsabilidade penal pelo mero pensamento e modo de vida do sujeito, em que se repele o criminoso em razão do seu modo de ser e não pelo fato cometido.

A ideia de um direito penal do inimigo seria por demais imprecisa e inadequada ao trabalho dogmático e político-criminal no qual é estabelecido o direito penal moderno com base em um Estado que prima pelos direitos e garantias fundamentais de seu cidadão.

Cancio Meliá (2005, p. 66), nesse sentido, chama a atenção:

> O conceito de Direito penal do inimigo só pode ser concebido como instrumento para identificar, precisamente, o não-Direito penal presente nas legislações positivas: por um lado, a função da pena neste setor, que difere da do Direito penal "verdadeiro"; por outro lado, como consequência do anterior, a falta de orientação com base no princípio do Direito penal do fato.

Para Conde (2012, p. 66), o direito penal do inimigo de Jakobs é uma construção ambígua, posto que válida para sistemas democráticos e para sistemas totalitários, pois a manutenção do sistema, a todo custo, é a única coisa que importa para o funcionalismo sistêmico de Jakobs, do qual o direito penal é fruto.

As críticas mais contundentes se voltam para a possibilidade de o Estado ter direito de afastar o *status* de cidadão da pessoa identificada como inimiga. Tal possibilidade estaria correlacionada com o direito penal do autor, não recepcionado em um Estado democrático de direito onde vige o direito penal do fato.

Callegari e Giacomolli (*in* Jakobs; Meliá, 2005, p. 17) também tecem suas críticas ao afirmarem que, mesmo após o cometimento do crime, o infrator não perde sua condição de cidadão, não podendo ser despido das garantias constitucionais inerentes a essa condição, devendo o direito penal preservar, em seu âmago, as garantias constitucionais substanciais e formais sob o risco de não ser legítimo. Concluem, como Meliá, que se trataria de um direito penal do autor. Como entende D'Avila (2009, p. 43), uma proposta que estabelece um modelo de direito penal do agente sequer deveria ser pensada, mas deveria, de imediato, ser jogada "no espaço crítico da indiferença e do absurdo, no espaço das ideias surreais às quais não é concedida qualquer pretensão de concretude".

A ideia de um direito penal do autor assombra o direito penal no inimigo, pois punir o infrator pelo que ele é e não pelo que ele fez (direito penal do fato) constitui uma violação ao seu direito de liberdade. Taxar uma pessoa de inimiga e, depois, despi-la, não necessariamente de todos, mas, por menor que seja, de alguns direitos e garantias individuais constitucionalmente previstos, não consolida a aplicação de um direito penal. Fazer a separação de quem deve possuir garantias dos que devem ter as garantias afastadas cria uma categoria de segunda classe de cidadãos, e, por mais que estes tenham cometido crimes e coloquem em risco a segurança pública, o Estado não pode se desvencilhar de seus limites para, em tese, "fazer justiça", pois aplicar o direito penal sem a observância dos dogmas penais e das garantias processuais não pode ser chamado de "fazer justiça".

Essa tese promove a objetivação do autor dos crimes, nega a qualidade de sujeito processual e regressa à qualidade de objeto processual; negar todas as garantias processuais de que são portadores os demais autores que não estão taxados normativamente como inimigos (Valente, 2010, p. 98). Objetivando o ser humano viola a sua dignidade, taxando-a de um inimigo ou uma não pessoa, afasta a sua concepção de sujeito de direitos.

Por isso, uma das críticas mais contundentes ao direito penal do inimigo é a da exclusão da condição de cidadão. Isto é, a dicotomia cidadão/inimigo só poderia ocorrer em um estado totalitário, em uma sociedade não democrática (Habib, 2016, p. 16), o que leva a compará-lo ao projeto do regime nazista desenvolvido por Edmund Mezger (Greco, 2016, p. 28).

Com tal pensamento, o conceito do direito penal do inimigo significaria uma volta a ideias nacional-socialistas a respeito da exclusão de determinados grupos, apresentando uma problemática semelhança a certas concepções de Mezger ou ao pensamento com base nas categorias amigo/inimigo, de Carl Schmitt. Tal concepção não seria constitucionalmente aceitável, ou mostrar-se-ia de todo inapropriada para um Estado democrático de direito, posto que justificariam sistemas totalitários atuais ou futuros, representando a pior forma de terrorismo, o terrorismo estatal e, como consequência, configuraria um inadmissível direito penal de autor (Greco, 2005, p. 223).

Sobre tal crítica, Jakobs afirma que ele não compartilha do sentido de inimigo do mesmo modo que Schmitt, como visto. O termo *inimigo* utilizado por Jakobs em sua construção advém do latim *inimicus*, que significa criminoso. Não trabalha ele com o conceito de inimigo utilizado por Carl Schmitt, *hostis*, também de origem latina, que tem como significado o estrangeiro, forasteiro, pessoa que é desconhecida. Porém, a questão vai além da origem do termo, repercute nos resultados práticos que essa dicotomia gerará. Essa é a preocupação, o perigo histórico, com o afastamento da noção de dignidade humana ao classificar o outro como inimigo, objetivando, apenas, alcançar um fim, violando os meios, para que se obtenha um resultado político-criminal, pseudolegítimo, estabelecido pelo Estado, qual seja o afastamento de um perigo para obter uma maior segurança social.

Em nome da busca por uma eficiência no combate ao crime, afastando as "células" perigosas do convívio social, o Estado torna a pessoa um objeto, desde a sua taxação como inimiga, caracterizando-a como fonte de perigo, perpassando pelo processo penal, desde as investigações até a pena e sua aplicação, utilizando de métodos que não são utilizados para criminosos comuns, aplicando penas elevadas e deixando-os afastados do mundo externo aos presídios com o seu total, ou quase total, isolamento.

Seria uma busca exagerada pela eficiência, mas que ao final acabaria por ser frustrante, pois representaria uma ameaça aos princípios e garantias do Estado de direito e desvalorizaria a segurança normativa, que busca o próprio Jakobs em seu funcionalismo sistêmico; o foco se resumiria a uma segurança cognitiva, no sentido de buscar eliminar o perigo, não restabelecendo a vigência da norma ou a confiança dos cidadãos, conforme alerta Conde (2012, p. 73; p. 75), complementando que:

> Com penas draconianas, com o abuso do Direito penal empregando-as muito além do que permite o seu caráter de *ultima ratio* e com limitações aos direitos fundamentais do imputado no processo penal, talvez se possa lutar mais ou menos eficazmente contra o inimigo, mas o que é certo, é que com isso se está abrindo uma porta pela qual pode entrar, sem que nos damos conta, um Direito penal de cunho autoritário, um Direito penal do e para o inimigo, tão incompatível com o Estado de Direito como o são as legislações excepcionais das mais brutais ditaduras.

Essa percepção utilitarista poderia viabilizar o Estado, ou aquele que momentaneamente exerce o poder, a "determinar" os seus inimigos a partir de um pensamento ideológico e perseguir os que se opõem a sua permanência no poder, utilizando-se para tanto de um direito penal não democrático, mas sim despótico, sendo instrumento para assegurar um sistema despótico.

Consolidada a inserção do direito penal do inimigo em uma legislação penal democrática, corre-se o risco de contaminar todo sistema legislativo de forma perene, e o que deveria ser exceção passaria a ser a regra.

A figura do direito penal do inimigo como modelo de futuro não pode ser vislumbrada, nem mesmo como uma utopia, ou quimera. Aceitar um direito penal do inimigo devidamente delimitado e afastado do direito penal do cidadão, como propugna Jakobs, entendendo dessa forma como menos ofensivo, não deve ser acatado. Trata-se de uma tese inaceitável.

Essa normatividade excepcional só se encarregaria de identificar e construir o que se entenderia como inimigo em um momento de crises políticas, posto que afastaria o direito penal do cidadão que, diante do inimigo, pareceria ineficaz e insuficiente para combater a criminalidade comum. Logo, não haveria argumentos para sustentar as bases de contenção do poder punitivo estatal, e o direito penal do inimigo acabaria por aglutinar o direito penal do cidadão.

Porém, como vimos, o direito penal do inimigo é uma realidade e está incrustado em várias legislações, nacional e estrangeira. Logo, não é ele uma quimera. É uma realidade e está normativamente materializado. O encontro do direito penal do inimigo com a criminalidade organizada é inevitável. Assim como as crises em que o direito penal se encontra ao servir como instrumento punitivo a serviço das decisões político-criminais, cujo objetivo tende a ser uma aparente conservação de uma segurança (Víquez, 2007, p. 18).

Mas, apesar dessa crise inevitável que faz unir o direito penal do inimigo a um combate à criminalidade, não pode afastar daquilo que o direito penal realmente é: um instrumento de garantias do cidadão, não um instrumento de terror e medo, mesmo que direcionado ao criminoso contumaz que não quer respeitar as leis. Por isso, importante as reflexões postas por Conde (2012, p. 76), quando diz que:

> Mas deverá se reconhecer que, com os mesmos efeitos, o Estado de Direito oferece mais garantias e respeito pela dignidade humana e pelas possibilidades de reinserção, de renúncia à violência, mudança e de esperança na mudança que podemos ter no terrorista ou no inimigo, do que a que simplesmente o considere como um objeto a ser vigiado e castigado, como um ser daninho que deve ser preso o maior tempo possível, inclusive ainda que seja pelo resto de seus dias, ou simplesmente eliminá-lo fisicamente como um animal, como alguém que nem sequer merece ser tratado como pessoa.

Greco (2005, p. 246-247), ao final dos seus estudos sobre o direito penal do inimigo, tece as seguintes conclusões:

> O conceito de direito penal do inimigo não pode pretender um lugar na ciência do direito penal. Ele não serve nem para justificar um determinado dispositivo, nem para descrevê-lo, nem para criticá-lo. Como conceito legitimador-afirmativo, ele é nocivo; como conceito descritivo, inimaginável; como conceito crítico, na melhor das hipóteses desnecessário. (…) o conceito de direito penal do inimigo não convida de modo algum à racionalidade. Mas lá onde se trata de punir mostra-se necessária mais do que nunca uma atitude de objetividade, de sobriedade, de racionalidade. Uma tal atitude não é de modo algum favorecida pelo direito penal do inimigo, em quaisquer de seus três significados. Se quisermos que a razão mantenha seu lugar no direito penal, não resta nele lugar para o direito penal do inimigo.

Ciente de tais críticas e do desenvolvimento das ideias, é consenso que o direito penal do inimigo se encontra entre nós tipificado e, por vezes, escancarado em várias expressões legislativas tanto nacionais como estrangeiras. A razão que assiste Jakobs é evidenciar a existência desse tipo de legislação e trazer o debate para a claridade.

Mas esse debate não pode ser no sentido de legitimação, isto é, fazendo com que o sistema constitucional se adeque aos pressupostos do direito penal do inimigo. Ao contrário, deve-se buscar na Constituição o contexto para a adequação dessas legislações a fim de torná-las válidas e preservadoras da dignidade da pessoa humana. Nesse sentido, a noção de pessoa está consagrada, e afastada a aplicação de um castigo como justificativa para eliminar um perigo.

Desse tipo de suposta boa-fé no combate ao inimigo, a história já conhece as suas consequências, principalmente quando o direito penal é utilizado por pessoas mal-intencionadas que fazem uso ideologicamente e se valem de fundamentos e construções teóricas que, em uma análise superficial, parecem brilhantes.

5.5 A lição histórica das consequências do abandono do bem jurídico como objeto de proteção do direito penal: do nazismo ao direito penal do inimigo

A literatura desenvolvida por Jakobs é bastante controversa no mundo jurídico-penal, recebendo críticas desde a construção do seu funcionalismo sistêmico ante o abandono da teoria de proteção dos bens jurídicos até a descrição do direito penal do inimigo, em que, estabelecendo a funcionalização do conceito de pessoa, procede a construção dicotômica entre cidadão e inimigo para fundamentar e justificar a aplicação de um direito penal diferenciado para o inimigo, sendo esse direito penal mais rigoroso e despido da aplicação dos direitos e garantias inerentes ao Estado democrático de direito aplicado aos agentes criminosos.

Essa conjugação – abandono do bem jurídico – somada à caracterização de um inimigo é vista como perigosa pelos estudiosos do direito penal, pois remete a uma história recente da humanidade, em que a dogmática acabou por justificar a aplicação de um direito penal mais rigoroso e desumano em nome de uma ideologia estatal, o nazismo. E esse fantasma, bastante concreto e presente nas nossas memórias, é sempre lembrado e comparado com o que doutrina Jakobs.

Não é sem razão as reticências ao pensamento de Jakobs por um direito penal funcional, sistêmico e do inimigo. A visão do direito penal de Jakobs, apesar de guardar em sua origem alguma congruência, acaba por se mostrar perigosa ante a possibilidade de ser utilizada não só em um Estado democrático de direito, mas em especial poder legitimar qualquer tipo de Estado, até os mais totalitários. O que remete às lembranças do nazismo, quando os estudos desenvolvidos pela corrente de pensamento desenvolvida na época, objetivando fundamentar o direito penal aplicado, afastaram do direito penal a doutrina liberal de proteção do bem jurídico como função do direito penal e inseriram na configuração material do delito a noção de violação de um dever. Do mesmo modo a conotação com a dissociação dos conceitos de pessoa e inimigo que se procedeu no regime nazista, bem como nos demais regimes totalitários da época, o fascismo e o comunismo.

Como lembra Conde (2012, p. 58), uma das características do regime nazista foi identificar o homem como mera coisa viva sem direito, em seu estado natural ("vida nua"), e o homem como cidadão, o ser político e titular de direitos. Nesse sistema, tal distinção foi levada a cabo como um critério biopolítico, determinado pelo sangue e pela herança genética. Esse dado biológico que caracterizava a raça ariana e, com ela, o alemão puro perante o não alemão pertencente a raças ditas inferiores (*hostis*).

Essas semelhanças metodológicas geraram certa repulsa ao pensamento de Jakobs, germinaram repúdio aos seus estudos. Os receios são legítimos, mas devemos nos debruçar sobre ele e compreender a sua sistemática para depurar o seu trabalho. Tal procedimento observa o fato de que até o direito penal mais democrático pode ser usado como arma em prol de perseguição política estatal em nome de ideologias.

Para a Escola de Kiel, que, como relata Zaffaroni em seu estudo sobre o direito penal nazista, foi a responsável por ditar os rumos da dogmática penal no regime nazista, por meio dos seus dois ideólogos, Dahm e Schaffstein, que negavam a construção estratificada do delito e cancelavam a ideia de bem jurídico, concebendo o delito como forma de violação de dever, inserindo os valores nazistas nessa concepção (2019, p. 135).

Jakobs afasta a proteção do bem jurídico, mas por razões diversas do procedido pelos estudiosos da escola de Kiel. Em seus trabalhos sobre a proteção de bens jurídicos e a legitimidade do direito penal, Jakobs precede a uma crítica sobre o vazio de conteúdo no conceito de bem jurídico. E esse vácuo sobre o que é bem jurídico é o que permitiu à doutrina penal nazista preenchê-lo com a noção de delito como violação de um dever, dever esse para com o povo, a comunidade.

E, em sua concepção, Jakobs não entende o bem jurídico como uma ideia liberal, garantidora de direitos; ao contrário, entende a existência de um vazio conceitual, em que, justamente, permitiu aos nazistas preencherem tal lacuna com os seus valores. Assim explica ele:

> No período nacional-socialista não era a teoria do bem jurídico que estava em primeiro plano, mas sim a teoria do delito como violação do dever, e, na verdade, *nota bene*, a violação de um dever em face do povo, da comunidade, e não em face de outras pessoas lesadas. (...) As vozes poderosas dos professores da Faculdade de Direito de Kiel, *Dahm e Schaffstein*, sustentaram em Berlim que se pudéssemos compreender o bem jurídico como bem protegido pertencente, segundo a ideologia nacional-socialista, à totalidade, então poderíamos interpretar da melhor forma a nova situação. (...) Trata-se, no que diz respeito ao conceito de bem jurídico, justamente de um conceito vazio..., por meio do qual os nacional-socialistas podiam deixar manifestar os seus valores. Neste desastroso vazio do conceito, pode-se encontrar, em qualquer regulamentação, um bem. (Jakobs, 2021, p. 49-50).

E o que pretende Jakobs é afastar essa abstração conceitual do bem jurídico, em que nele tudo caberia, e dar uma concretude à finalidade de atuação do direito penal, em que a proteção à vigência da norma é a finalidade a ser atingida dentro do funcionalismo sistêmico.

Mas, mesmo aceitando tal justificação, a problemática persiste, pois, ao proteger a norma, isso será estendido a qualquer tipo de norma, qualquer tipo de sistema, seja ele democrático ou totalitário, o que justifica dizer que o sistema desenvolvido por Jakobs serve para validar qualquer tipo de Estado. O que não pode ser admitido. Razão pela qual, apesar de não se filiar aos pensamentos e fundamentações do nacional-socialismo, ao final a sua doutrina poderá ser utilizada por um governo de igual finalidade, pois o que importará será a manutenção do sistema vigente naquele Estado.

Conforme esclarece Conde (2012, p. 63):

> A única diferença entre a fundamentação funcionalista atual do Direito penal e a que oferecia o nacional-socialismo é que o funcionalismo está disposto a assumir também que Direito é o que é funcional (útil) ao sistema democrático, ainda que muitos de seus preceitos não tenham nada de democráticos. Em suma, a "razão de Estado", que é o que monopoliza o poder punitivo ou a funcionalidade de seu sistema, independentemente do que seja democrático ou autoritário, se converte no único fundamento do Direito penal.

A mesma preocupação se reflete quando da análise mais detida sobre o direito penal do inimigo e sua semelhança com o fundamento do direito penal nazista, em que ambos procedem uma funcionalização do indivíduo em detrimento de sua "estadia" na comunidade, sociedade, perdendo a pessoa a sua individualidade.

Zaffaroni (2019, p. 170) nos relata, mais uma vez, que, no entendimento do penalismo nazista, o bem jurídico era por demais individualizado, sendo os bens coletivos relegados a segundo plano, sendo necessário reverter essa lógica, pois, para o totalitarismo, o indivíduo só é como tal reconhecido dentro do seio da comunidade, nunca isoladamente, é individuo aquele que faz parte da sociedade. Assim o que tem que prevalecer é a sociedade. O indivíduo tem o dever, uma lealdade, para com a sociedade em que vive, e o crime se constitui na violação a esse dever, e não mais em uma lesão a um bem individualmente considerado. Traz para o centro do direito penal o dever de lealdade para com a comunidade.

Quem proceder a uma perturbação dessa ordem, desonrando a comunidade, tornar-se-á indigno de confiança perante a comunidade, logo um inimigo. Para Dahm e Schaffstein, o criminoso é um traidor, traidor dos valores comunitário, consubstanciando esse ato criminosos de traição com a lesão ao dever (Zarroni, 2019, p. 170).

Procedendo a uma troca de nomenclaturas, trocando lesão a dever por proteção à vigência normativa; comunidade por sistema, chegaremos às bases fundamentais do direito penal sistêmico de Jakobs e ao seu direito penal do inimigo, pois que, para Jakobs, o inimigo é quem deturpa, viola, desonra o sistema de forma reiterada, não tendo compromisso com a lealdade das expectativas normativas, segundo uma inclinação interna que o assemelha a um direito penal do autor.

O direito penal do inimigo faz uma releitura do direito penal do autor que propugnaram os penalistas nazistas, segundo o qual o relevante não era o fato delitivo cometido, e sim a perversão, inclinação ou tendência ao delito, ou periculosidade criminal que pudesse ter o autor (Conde, 2012, p. 41).

A semelhança com o propugnado por Jakobs e o direito penal trabalhado pelos nazistas encontram-se na periculosidade criminal do autor. Como diz Jakobs, o inimigo é uma fonte de perigo para o sistema, devendo ser neutralizada. No direito penal nazista, o criminoso é violador do dever de lealdade para com a comunidade e dela deve ser afastado.

Na concepção de Dahm, o direito penal tem a função de proteger a comunidade daqueles que vão de encontro à lei interna, não se trata de garantir interesses ou bens, mas sim de garantir a unidade vital da comunidade (Zaffaroni, 2019, p. 191). Ideia bastante semelhante com a concepção da pena estipulada por Jakobs em seu direito penal do inimigo, que tem a função de retirar do seio da sociedade a fonte de perigo, o inimigo, neutralizando.

E, em ambos os casos, com a relativização da condição de pessoa para esses criminosos, é aceitável o afastamento das garantias e direitos previstos na legislação, o que, como sabemos pela história, restou no maior desastre humano de todos os tempos.

Assim, como escreve Greco (2005, p. 230):

> Afirmar que o estado tem o dever de não respeitar seres humanos como pessoas é nada menos do que um escândalo. E por isso é também compreensível que se tenha feito comparações com a recente história alemã, o que, se, por um lado, não parece de todo correto – primeiramente, porque não apenas a ideologia racista do nacional-socialismo, mas também concepções estatais totalitárias, ainda que não racistas (como o fascismo e o comunismo) negam o devido respeito a "indivíduos perigosos", e, em segundo lugar, porque em lugar algum a raça é considerada um indício da falta de segurança cognitiva do indivíduo – por outro, revela com clareza o caráter autoritário da ideia.

Porém, diferentemente do ocorrido nos anos nazistas, o contexto político nas sociedades contemporâneas são outros. Ante as semelhanças relatas, é preocupante o afastamento da teoria da proteção do bem jurídico como garantidor de um direito penal democrático, bem como o relato da existência desse tipo de legislação mais rígida e restritiva das liberdades do cidadão que Jakobs denomina de direito penal do inimigo. É preciso ficar de olhos bem abertos para o uso que se faz dessas ideias.

Jakobs relata que seu propósito não foi criar o direito penal do inimigo nem justificar o seu desenvolvimento. Apenas faz o relato descritivo identificador de uma legislação que já se encontra tipificada e em plena aplicação. Alguns autores até concordam com isso, como Conde (2012, p. 76), quando afirma que "no que de fato assiste razão a Jakobs, é colocar em evidência a existência real, e não meramente encoberta, de um Direito Penal do inimigo também nos ordenamentos jurídicos dos Estados de Direito".

Porém, como complementa Conde, também cabe ao penalista não apenas a mera constatação da existência, mas analisar a compatibilidade legislativa com os princípios do Estado de Direito e com os direitos fundamentais estabelecidos na Constituição e nas declarações internacionais de direitos humanos, esclarecendo que:

A tarefa do jurista, do político e do intelectual no Estado de Direito, e da sociedade em seu conjunto é, pois, a definição e catalogação dos direitos humanos fundamentais que não podem ser vulnerados em nenhuma hipótese e sob nenhuma circunstância, estabelecendo um discurso que tenha como objeto a determinação e garantia efetiva desses direitos. Ainda assim, sempre haverá quem lhes negue valor limitante e considere que em determinados casos pode se prescindir deles e recorrer a remédios mais enérgicos e expeditivos. (Conde, 2012, p. 78-79).

A nosso sentir, Jakobs parece esquecer essa incumbência do jurista e, apesar de dizer o contrário, busca legitimar o direito penal do inimigo. Dizemos isso com base em toda a sua construção dogmática do direito penal, que se inicia com o afastamento da doutrina de exclusiva proteção dos bens jurídicos como função do direito penal, colocando a vigência da norma como legitimadora da atuação do direito penal, bem como procedendo a funcionalização do conceito de pessoa, a fim de construir a personificação do inimigo para, depois, retirar-lhe as garantias e direitos inerentes ao cidadão.

Além do que, com a sua busca por uma eficiência penal, sem a verificação dos meios legítimos para atingir essa eficiência, acaba caindo por terra o seu discurso apenas descritivo e não legitimador do direito penal, ante uma possível necessidade da existência desse tipo de direito para o "combate" de alguns tipos de criminalidade.

O Estado, como detentor do dever de punir, não pode se afastar da observância às regras penais. Elas são limitadoras do agir estatal e se constituem como uma construção histórica garantidora da própria sociedade e do cidadão. Se o Estado se liberar desses limites, passará a ser o criminoso, se igualando àquele que quer combater.

Claro que, diante do avanço da criminalidade organizada, surgem vozes, até legítimas, que querem um maior atuar do Estado, a elaboração de leis mais severas e que ajudem as instituições a prevenir e punir os crimes. Mas toda essa legislação deve passar pelo crivo da sua constitucionalidade em observância aos direitos e garantias do cidadão, pois este, por mais que cometa crimes de forma reiterada, jamais pode ser aleijado de sua condição de pessoa e cidadão e ser submetido a tratamentos desumanos e cruéis.

Em busca dessa eficiência na atuação penal, não podemos abandonar o que a racionalidade humana por séculos construiu presenteando a contemporaneidade com um "legado civilizacional", a tese de proteção de bem jurídico, e nem funcionalizar a pessoa, tratando-a como um inimigo, pois seria retroceder a épocas atrozes em que o

Estado era não o protetor e garantidor dos direitos, mas o seu grande vilipendiador.

5.6 Pensamentos reflexivos em prol da necessária observância ao bem jurídico como legitimador da eficiência penal

Homero, em sua obra *Odisseia*, relata o retorno de Ulisses, ou Odisseu, no original grego, para Ítaca após a batalha de Troia. Narra na obra que Ulisses era desejoso de ouvir o canto inebriante e belo das Sereias, porém mortal. Como solução, se amarra ao mastro do navio, bem como tampa os ouvidos dos demais marinheiros para que eles não escutem o canto nem mudem o rumo do navio, para que todos sobrevivam. Segue a bela narrativa:

> Primeiramente, hás de ir ter às sereias, que todos os homens que se aproximam dali, em encantos prender têm por hábito.
>
> Quem quer que, por ignorância, vá ter às Sereias e o canto delas ouvir, nunca mais a mulher nem os tenros filhinhos hão de saudá-lo contentes, por não mais voltar para casa.
>
> Enfeitiçado será pela voz das Sereias maviosas.
>
> Elas se encontram num prado; ao redor se lhe veem muitos ossos de corpos de homens desfeitos, nos quais se engrouvinha a epiderme.
>
> Passa de largo, mas tapa os ouvidos de todos os sócios com cera doce amolgada, porque nenhum deles o canto possa escutar.
>
> Mas tu próprio, se ouvi-las quiseres, é força que pés e mão no navio ligeiro te amarrem os sócios, em torno ao mastro, de pé, com possantes calabres seguro, para que possas as duas sereias ouvir com deleito.
>
> Se lhes pedires, porém, ou ordenares, que os cabos te soltem, devem mais forte amarras à volta do corpo apertar-te. (Homero, 2015, p. 204).

Todos os dias a mídia noticia uma avalanche de crimes violentos ocorridos nas cidades do Brasil, muitos com resultados de mortes. Os homicídios, feminicídios, latrocínios são relatados com frequência, gerando o sentimento de insegurança.

Com a corrupção não é diferente. Escândalos envolvendo o alto escalão dos governos, desde a alta cúpula federal até o menor dos municípios nas longínquas plagas do imenso território nacional são notícias na imprensa.

Mas, ao final e ao cabo, observa-se uma impunidade. O direito penal e processual aplicado se apresenta como ineficiente e ineficaz em seu proceder, incapaz de dar a resposta estatal esperada pela sociedade, bem como, não surtindo o efeito esperado com a aplicação da pena, ou seja, a devida proteção aos bens jurídicos protegidos, a ressocialização do criminoso, a prevenção de novos crimes, tanto pelo autor do fato como potenciais infratores. A sensação nacional é a de que o crime compensa.

Nesse cenário de descrédito com o direito penal, gerador de insegurança e impunidade, cresce por parte da população uma vontade de maior punitivismo, que se reflete na atuação legiferante do Estado na criação de mais leis com penas mais elevadas e a descrição de tipos penais sem a correta identificação de bens jurídicos ou mesmo realizando indevidamente a antecipação do momento do crime, como a punição de atos preparatórios ou até mesmo atos do pensamento sem a devida exteriorização, características, como foi visto anteriormente, do Direito Penal do inimigo, fruto da soma do simbolismo e punitivismo penal como relatado por Meliá em suas críticas ao direito penal do inimigo (*in* Jakobs; Meliá, 2005, p. 65), mas não mais teóricos, e sim que podemos visualizar na prática.

Porém, tal exacerbação do uso do direito penal, esse *panjurismo* penal, não é científico, muito menos salutar para a própria sociedade, destinatária do direito penal. O abandono aos dogmas penais é um risco do qual a própria sociedade, que é a protegida pela atuação séria, correta e eficaz do direito penal poderá vir a ser a grande vítima.

Tais pensamentos expansivos do direito penal, apesar de sedutores em uma primeira vista, mostram-se, em uma revisão mais aprofundada, bastante perigosos, como uma caixa de Pandora, capaz de gerar uma maior insegurança perante a sociedade.

O desejado é um direito penal eficiente, que produza o quanto dele almejado, puna os criminosos com celeridade e que a pena surta os efeitos esperados quanto à prevenção de combate ao crime, porém não podemos jamais abandonar os dogmas da ciência penal, tão importante para dar legitimidade a sua atuação e, mais importante, dar garantia e proteção aos cidadãos, bem como limites ao poder de criação de crimes pelo Estado.

A passagem anterior, relatada em *A Odisseia*, é bastante ilustrativa para o caso. Essas novas ideias de um direito penal expansivo, com abandono ou relativização da ideia de proteção ao bem jurídico, afastamento das garantias penais e processuais, bem como da deterioração do conceito de pessoa, são cantos de sereia, que, ao primeiro ressoar são encantadores, mas têm a capacidade de conduzir a caminhos tortuosos e perigosos para todos, criminosos ou não, que navegam nesse mar da sociedade pós-moderna. Afinal, não sabemos quem será o inimigo da vez, podendo ser qualquer um de nós.

Assim como Ulisses, devemos ouvir o canto da sereia, estudar, compreender para, assim, criticar e passar a verdade sobre tais pensamentos e chamar a atenção para a sua periculosidade. Ao mastro da ciência penal, da ofensividade, da exclusiva proteção de bens jurídicos, das corretas finalidades da pena, devemos nos amarrar para que possamos manter o rumo correto do barco do direito penal e da justiça, nesse oceano do Estado democrático do direito, pois só assim navegaremos em águas, não sempre calmas, mas com a certeza de que chegaremos ao destino desejado.

Nesse entender, doutrina D'Avila (2009, p. 280), ao afirmar que:

> Antes de se questionar acerca da utilidade político-criminal de determinada natureza penal, deve-se questionar acerca da sua legitimidade/validade jurídico-penal e jurídico-constitucional. (...) Todo e qualquer interesse só pode ser perseguido por meio de leis penais se estiver nos limites da legitimidade da normatividade penal e constitucional. E, nesse ponto, isto é, no que diz respeito ao uso do direito penal pela política criminal, não há dúvida de que *das Strafrecht* volta a ser "a barreira infranqueável da política criminal".

Essa legitimidade do direito penal não se alcançará com uma política criminal punitivista exacerbada, mas só atingirá seu fim com a conjugação da eficiência e a respeitabilidade às garantias penais, aplicando-se uma proteção ao bem jurídico em respeito ao princípio da ofensividade.

Nisso, a eficiência deve ser vista, neste contexto, como a capacidade do procedimento de alcançar o seu objetivo. E, para gerar o efeito pretendido, devem, por ser um processo, as garantias processuais ser observadas e não ultrapassadas. Essas garantias não podem ser obstáculos para a consecução do fim desejado. Como ensina o professor Miguel Tedesco Wedy (2013, p. 21) a partir de uma visão crítica acerca da eficiência inserida no processo penal:

> (...) a luta e o embate entre garantias e justiça impõe um ponto de equilíbrio. Impõe uma ligação. É aqui, justamente aqui, que a ideia de uma eficiência ontoantropológica se apresenta como mecanismo de

extrema significação para a legitimação de um processo penal acusatório e democrático. Encontrar um ponto de equilíbrio duradouro entre justiça e garantismo no processo penal é tarefa nada fácil. Não apenas em razão de entendermos que a eficiência não pode ser vista desconectada da ideia de justiça, numa unidade de sentido, como estamos a referir, mas também em razão da existência de uma pressão natural para que a 'eficiência' seja sinônimo de presteza jurisdicional e de enfrentamento da impunidade.

Em igual sentido, navegam os ensinamentos, em âmbito do direito penal material, de Jesús-María Silva Sánchez (2004, p. 67), ao afirmar que:

> De minha parte, e ainda que pese o dilema apresentado nas páginas anteriores, inclino-me por aceitar, em princípio, a possibilidade de que um princípio de eficiência possa ser suficiente para legitimar a intervenção punitiva do Estado. Todavia, isso pressupõe o repúdio de uma interpretação tecnocrática do juízo de eficiência, para poder sustentar a abertura deste juízo à sociedade, a fim de permitir a autêntica integração em seu seio dos princípios de garantia. Assim, torna-se imprescindível 'sair' da ideia limitada de eficiência (impraticável neste ponto), para conhecer o valor que, no contrato social, assinalou-se a todos e a cada um dos direitos ou princípios de garantia jurídico-penais: quais vantagens associam-se à sua vigência e que custo implica sua privação.

Nesse escólio, absorvemos que, na busca pelos resultados pretendidos – eficiência – no campo penal, não podemos atropelar as garantias constitucionais. Bem como, por outro lado, estas não podem ser empecilhos para que se chegue ao resultado pretendido.

Entender que a finalidade do estado de direito não seja possibilitar a maior segurança de bens, mas sim a eficácia jurídica efetiva de um direito à liberdade, como concebe Jakobs (2008, p. 56), é apenas uma meia-verdade. Cabe, sim, ao Estado proceder a segurança de bens jurídicos por meio de proteção do direito penal, e, se aplicada corretamente, alcançará a efetivação do direito à liberdade dos cidadãos para que possam viver tranquilamente e se desenvolver com liberdade.

Nesse mesmo escólio, Hassemer (*apud* D'Avila, 2009, p. 13) entende que o direito penal "desvinculado de uma proteção a bens jurídicos não é outra coisa senão terror estatal, nada mais do que uma restrição da liberdade de agir despida de qualquer fundamento".

Devemos trabalhar não com a expansão do direito penal, mas sim com a expansão da liberdade que deve ser vista como o principal fim e o principal meio do desenvolvimento. O crime nas comunidades, em especial nas de menor porte, pode ser caracterizado como um dos entraves para o desenvolvimento social ao limitar as escolhas e as oportunidades de as pessoas exercerem seu potencial. O direito penal, nesse contexto, de alta criminalidade, pode ser não o principal, mas como *ultima ratio*, um instrumento para eliminar essa privação de liberdade de desenvolvimento dos cidadãos, porém observando as garantias constitucionais, penais e processuais do agente criminoso.

Nessa seara desenvolvimentista, ensina Amartya Sen (2010, p. 10):

> Se o ponto de partida da abordagem é identificar a liberdade como principal objetivo do desenvolvimento, o alcance da análise de políticas depende de estabelecer os encadeamentos empíricos que tornam coerente e convincente o ponto de vista da liberdade como a perspectiva norteadora do processo de desenvolvimento.

Diante do problema da alta criminalidade que enfrentamos hodiernamente, não cabe buscarmos soluções que violem os direitos e as garantias individuais, afastando dogmas penais, ou que enxergue o criminoso como um objeto a ser processado e submetido a qualquer tipo de procedimento questionável ante a sua não qualidade de pessoa. O que cabe ao "sistema", ao Estado de direito, é considerar a liberdade como um comprometimento social, e, na busca desse comprometimento, fazer cumprir os deveres sociais assumidos e constitucionalmente previstos, e não utilizando do direito penal de forma precipitada para tentar realizar justiça social.

Observando o princípio da *ultima ratio*, ao princípio de exclusiva proteção de bem jurídico, conjugado com o princípio da ofensividade, é que podemos alcançar com eficiência um direito penal que proteja os bens jurídicos e assim traga segurança, pois esta não serve a si própria, mas só faz sentido se servir à liberdade (D'Avila, 2012, p. 283).

Por mais que a realidade social exija uma resposta estatal exemplar, rápida e eficiente para o problema da criminalidade que avança a passos largos, não é abandando toda uma construção histórica que atingiremos esse objetivo, ao contrário, o que poderá ocorrer é gerar mais violência, ante uma possibilidade de retirada dos freios limitadores da ânsia estatal de pôr punição a todo e qualquer preço. A história nos ensina que dogmas penais, como o princípio da proteção de bens jurídicos, ao serem colocadas de lado, provocaram consequências adversas para a sociedade decorrente de um direito penal ansioso por aplicar suas regras despido de um caráter limitador como é a teoria do bem jurídico.

Logo, abandonar a ideia de proteção do bem jurídico como função legitimadora do direito penal é afastar uma gama de princípios garantidores da liberdade e limitadores do dever de punir do Estado, como os analisados, da subsidiariedade, insignificância, proporcionalidade e ofensividade, princípios esses que devem nortear a aplicação do direito penal. Onde inexiste observância a esses princípios há um "inadmissível retrocesso civilizacional", como alerta D'Avila (2012, p. 278):

> O direito penal não é, definitivamente, apenas um instrumento de solução de conflitos. Ele é muito mais do que isso. O direito penal consiste em um verdadeiro legado civilizacional. Foi no âmbito do direito penal e por meio dele que foram conquistadas as principais liberdade e garantias que hoje estruturam, em termos axiológicos, inúmeras constituições ao redor do mundo. Essas conquistas, que custaram a vida de muitos, representam o mais importante legado do direito ocidental. Elas representam a consolidação do reconhecimento de direitos fundamentais que estruturam (ou ao menos deveriam estruturar) não só a sociedade contemporânea, mas a nossa própria concepção de ser humano.

Retroceder jamais, temos que buscar punições aos criminosos, o direito penal deve e tem que ser eficiente para demonstrar que o crime não compensa e desestimular potenciais criminosos para assim buscar um desenvolvimento com liberdade salutar para toda a sociedade. Mas esse atuar não pode ser afastado das garantias. A ciência penal não pode ser relegada como se fosse teoria de pouca valia. Não deve ser estudada e aplicada apenas nas cátedras universitárias distantes da realidade.

Discursos punitivistas aumentam a cada dia, legislações de igual viés são produzidas inopinadamente ante o ressoar das pressões populares. O jurista, como aplicador do direito, deve, com seu conhecimento, buscar a legitimação desse discurso a partir dos princípios que regem a dogmática penal; sendo assim, não pode legitimar e fundamentar tal situação com construções teóricas mais ou menos brilhantes que encantam e fazem sorrir os desavisados (Conde, 2012, p. 80).

Nesse sentir, são de grande valia os ensinamentos de Faria Costa, que nos orienta nos seguintes termos:

A tutela de todos os bens jurídico-penais manifesta-se precisamente como o limite do âmbito do mínimo ético. Assumir-se a representação de um mínimo ético para o direito penal não é, nem de longe nem de perto, querer que o direito penal tutele ou defenda qualquer vector ou segmento de moralidade. E antes dizer que os bens jurídico-penais que se defendem são o patrimônio mínimo ético-social que permite que nos assumamos como comunidade de homens e mulheres historicamente situada. Mas também nada menos. O que, por conseguinte – quando olharmos para esse nada menos –, faz com que se possa e deva continuar a afirmar que o direito penal se insere nessa linha de limite em que o mínimo ético é fronteira instransponível. (*apud* Wedy, 2016, p. 183).

Por sua vez, o doutrinador Wedy associa-se aos fundamentos do catedrático português, ao defender que:

> É possível um conceito com legitimidade em direito penal que parte e arranca da ideia de bem jurídico. Um conceito que, de forma expressa e cristalina, impõe a redução do campo de luta do direito penal. Um conceito que apregoa uma redução ética e ponderada da intervenção penal para aqueles casos mais graves e impactantes, quando outros estratos do ordenamento jurídico não forem mais capazes de intervir a fim de proteger o bem jurídico. Um conceito que vislumbra a finalidade penal como a realização da justiça e a busca da paz jurídica, por intermédio da manutenção, da conservação, do refazimento e da reconstrução da relação matriarcal ontoantropológica de cuidado de perigo.

Sendo o desejo construir, desenvolver um direito penal voltado para a sociedade, que dê a esta uma noção de segurança jurídica consubstanciada na validade das normas e valores penais, para a manutenção das liberdades e a produção do desenvolvimento coletivo na busca da eficiência tão avistada, como uma miragem no longínquo horizonte, não podemos abandonar nem esquecer toda a história e a importância do bem jurídico penal para a configuração de um direito penal cidadão e humano. Os movimentos autoritários mostraram o perigo do abandono desse princípio cuja consequência é a própria desumanização e coisificação do ser humano; nesse sentido, a sociedade pós-moderna, na busca pelos fins, não pode incidir no mesmo erro.

Para angariarmos os resultados pretendidos, chegarmos são e salvos ao destino, como Ulisses agarrado ao mastro do bem jurídico penal, devemos aprumar as velas do princípio da ofensividade e da *ultima ratio*, para que os bons ventos da respeitabilidade aos dogmas penais e aos direitos humanos nos conduzam à aplicação eficiente e humana do direito penal para que este cumpra a sua função: a exclusiva proteção subsidiária de bens jurídicos, proporcionando liberdade e desenvolvimento para toda a sociedade.

CONSIDERAÇÕES FINAIS

Alcançando o fim do presente estudo, pudemos realizar uma ampla revisão histórica da importância em termos a presença de dogmas bem estabelecidos dentro da ciência penal e o quanto perigoso pode ser quando são afastados a observância e o respeito para com eles.

Diante de tudo o que foi estudado e escrito, podemos chegar a algumas considerações, não finais, mas que, por ora, fecham um ciclo de reflexões bastante profícuas sobre a importância do bem jurídico dentro da ciência penal e o quanto ele reflete em uma correta compreensão do direito penal em um Estado democrático de direito que pugna por um sistema penal liberal, tendo um vetor de garantias para a legitimação do seu atuar.

Durante séculos, os estudiosos do direito penal trataram de desenvolver a construção da teoria do bem jurídico penal de modo que representasse uma verdadeira garantia para o cidadão, para que fosse um instrumento que impusesse um freio no exercício do poder punitivo estatal. O Estado como detentor do direito e dever de exercer sobre o cidadão a punição por um ato criminoso, impondo penas, como a perda da liberdade, bem como de estabelecer quais as condutas que seriam consideradas crimes, com o desenvolvimento e a consolidação da doutrina da proteção exclusiva de bens jurídicos não poderia mais, a seu bel prazer, criar crimes desprovidos de qualquer tipo de violação, assim como não poderia criar condutas meramente violadoras de uma moral estabelecida por sua autoridade. O que traz em seu âmago uma salvaguarda ao cidadão.

O dogma do bem jurídico, consolidado como um valor protegido pelo Estado por meio do direito penal, resgata a ideia clássica de um direito penal humanizado voltado para a proteção do cidadão perante uma ânsia punitiva estatal, mantendo a máxima de que o direito penal é a carta magna do cidadão. E a constitucionalização do direito penal produz mais fortemente essa garantia, em que os bens jurídicos serão fundamentados nos valores sociais consagrados em âmbito constitucional, nascendo uma gama de princípios que orientarão, ainda mais, o atuar estatal quando da criação de novos tipos penais.

O desenvolvimento de princípios derivados da doutrina da exclusiva proteção dos bens jurídicos como função do direito penal traduz uma maior efetividade às funções exercidas pelo bem jurídico, como o seu caráter crítico orientador, limitador e de garantias, materializados em suas vertentes principiológicas dos princípios da subsidiariedade, insignificância, ofensividade e proporcionalidade.

Abandonar a ideia de um valor protegido pela norma, afastando-o como fim de proteção e colocando a norma, ou quiçá outro objeto de proteção, é renegar e esquecer tudo o que foi construído de importante na história do direito penal para que se chegasse ao ponto de que ele deixasse de ser um instrumento autoritário estatal, fonte de violações de direitos e garantias, para ser um ramo do direito que busca por meio da proteção daquilo que a sociedade tem de mais valioso, passando a ser um instrumento de proteção da liberdade do próprio cidadão.

A suscetibilidade do direito penal de se tornar um instrumento despótico nas mãos dos que governam é de elevada concretude. Com o aumento das taxas de criminalidade e o sistema de persecução penal não se mostrando eficaz para colocar um freio nessa escalada, acaba por gerar movimentos que exigem um atuar mais forte para que punam mais severamente os criminosos, bem como que se imponham crimes que combatam a violência exacerbada, a fim de transmitir uma mensagem de maior segurança para a sociedade e uma suposta eficiência do sistema penal.

Porém, esse atuar legislativo não pode ser feito a toque de caixa, desprovido de um caráter científico e abandonando, por vezes até violando, princípios constitucionalmente estabelecidos que impõem a sua observância como garantia da sociedade e da manutenção de um Estado de direito.

Novos pensamentos penais advieram como forma de adequação do sistema à sociedade que será seu campo de atuação. O funcionalismo, tanto em Roxin como em Jakobs, cada um ao seu modo, tenta proceder a essa adequação como uma forma de "atualização" do direito penal ante a evolução social. Ambos buscam uma melhor eficiência na aplicação do direito penal por meios que, em seus entendimentos, produzirão o melhor resultado naquilo que entendem como função do direito penal.

Roxin, na sua construção dogmática, direciona o direito penal na consecução dos seus fins, que é a proteção subsidiária dos bens jurídicos penais, defendendo que a política criminal é que ditará os rumos de como essa função será exercida para obter o resultado pretendido, acabando por dar à política criminal um alto gral de relevância dentro da ciência penal, afastando a concepção de Liszt quando dizia que o direito penal seria uma barreira da política criminal, posto que, com seus dogmas, valores e princípios, o direito penal limitaria a existência e a colocação em prática de políticas criminais tendenciosas ao autoritarismo. E assim também pode ocorrer em nossos dias. As melhores das intenções podem fundamentar uma política criminal, mas a sua aplicação não pode ocorrer por meio de violações a princípios derivados da dogmática penal, caso contrário estará eivada, em sua origem, de inconstitucionalidade, faltando legitimidade para a consecução dos seus fins. Toda política criminal que tende a uma efetiva aplicação do direito penal e à busca de sua finalidade protetiva a bens jurídicos deve respeitar os dogmas penais, jamais dela se afastar, pois só assim encontrará com eficiência o resultado pretendido.

Do mesmo modo, uma concepção de direito penal fundamentada na visão sistêmica do direito penal, a qual objetiva, por meio desta, uma maior eficiência de sua aplicação, não pode prescindir do bem jurídico, relegando a segundo plano a sua proteção, e colocando em destaque a proteção da vigência normativa como ponto fulcral da finalidade do direito penal. Pensar o direito penal como mero protetor da vigência normativa e assim aplicá-lo é objetivar essa ciência, retirar toda a sua alma, seu valor, consubstanciando um direito penal vazio de conteúdo e sem senso crítico, em que qualquer tipo de direito, democrático ou legal, seria protegido, pois o que importa é a funcionalidade do sistema, em que os fins justificariam os meios. E a história é rica, fornecendo exemplos do autoritarismo estatal, fazendo uso do direito penal desprovido de um senso crítico, afastado da ideia de bem jurídico, fazendo uso de um direito, puro e simples, em que a busca por uma falsa eficiência acabou por transformar o Estado no próprio criminoso, situação que não podemos desejar nem permitir atualmente.

A visão de bem jurídico sobre a ótica do funcionalismo de Jakobs não faz jus a toda a construção dogmática. Na busca de defender o sistema e buscar uma melhor forma de respeitabilidade das normas e a expectativa de que o comportamento dos cidadãos se enquadre no quanto objetivado normativamente, não pode prescindir da ideia de bem jurídico a ser protegido, colocando sua proteção de forma apenas mediata. O direito não é um fim em si mesmo. Não é algo construído para proteger-se a si próprio. É um meio para proteger o cidadão, a pessoa, regular as relações interpessoais, e isso é que deve ser a busca do direito penal, a sua finalidade, proteger de violações aquilo que as pessoas têm de mais importante: os seus bens. Estes não são apenas um objeto descrito na norma, são, em verdade, o foco de proteção do direito penal; e é com base justamente nessa função protetiva que se fundamenta toda a estrutura do sistema penal.

Afastá-la, colocá-la em segundo plano é destruir o direito penal, é torná-lo um protetor de leis, de norma, o que acabará por dar legitimidade ao direito penal do inimigo descrito por Jakobs.

Logo, se o objetivo for um direito penal proposto e vocacionado para o desenvolvimento da sociedade que se vale dele para manter vivos os seus valores, seu modo de vida, prosperando como comunidade, tendo segurança para viver livremente, produzindo e gerando riquezas, não podemos nos desvincular daquilo que de mais importante temos como pilar de uma construção científica, que são os seus dogmas.

Para que o direito penal possa desempenhar toda a sua capacidade, sendo não só um instrumento de garantia da segurança e da paz social, mas também de desenvolvimento social, devemos manter firme a ideia de que sua finalidade é a proteção exclusiva de bens jurídicos penalmente protegidos, pois só assim estará ele legitimado em seu atuar para alcançar com eficiência os seus objetivos consagrados na constituição de um estado democrático de direito.

REFERÊNCIAS

AZEVEDO, André Mauro Lacerda; FACCINI NETO, Orlando. *O bem jurídico-penal*: duas visões sobre a legitimação do direito penal a partir da teoria do bem jurídico. Porto Alegre: Livraria do Advogado, 2013.

BARBER, Antonio Cardona. Algunas condiciones de legitimidad del principio del bien jurídico penalmente protegido. *Revista de Derecho Penal y Criminología*, n. 21, p. 151-187, 2019.

BATISTA, Nilo. *Introdução crítica ao direito penal brasileiro*. 12. ed. rev. e atual. Rio de Janeiro: Revan, 2022.

BECCARIA, Cesare. *Dos delitos e das penas*. Tradução: José de Faria Costa. 5. ed. Lisboa: Fundação Calouste Gulbenkian, 2017.

BECCARIA, Cesare. *Dos delitos e das penas*. Tradução: Torrieri Guimarães. São Paulo: Martin Claret, 2014.

BECHARA, Ana Elisa Liberatore Silva. *Bem jurídico-penal*. São Paulo: Quartier Latin, 2014.

[BIOGRAFIA] Günther Jakobs. *In*: *WIKIPEDIA*, a enciclopédia livre. [*S. l.*]: Wikipédia, [2021]. Disponível em: https://pt.wikipedia.org/wiki/G%C3%BCnther_Jakobs. Acesso em: 20 set. 2022.

BOZZA, Fábio da Silva. *Bem jurídico e proibição de Excesso como limites à expansão penal*. São Paulo: Almedina, 2015.

BOZZA, Fábio da Silva. Bem jurídico, racionalidade e justificação das normas penais. *Canal ciências criminais*, [*s. l.*], 2 jun. 2016. Disponível em: https://canalcienciascriminais.com.br/bem-juridico-racionalidade-e-justificacao-das-normas-penais/. Acesso em: 2 ago. 2022.

BRAGA, Romulo Rhemo Palitot. *Lavagem de dinheiro*: fenomenologia, bem jurídico protegido e aspectos penais relevantes. 2. ed. rev. e atual. Curitiba: Juruá, 2013.

BRANDÃO, Cláudio. *Introdução ao direito penal*: análise do sistema penal à luz do princípio da legalidade. Rio de Janeiro: Forense, 2005.

BRANDÃO, Cláudio. *Teoria Jurídica do Crime*. 2. ed. Rio de Janeiro: Forense, 2003.

BRASIL. CÂMARA DOS DEPUTADOS. *Projeto de Lei 5365/2020*. Brasília, DF: Câmara dos Deputados, 2020. Disponível em: https://www.camara.leg.br/proposicoesWeb/fich adetramitacao?idProposicao=2265995. Acesso em: 28 set. 2022.

BRASIL. *Decreto-Lei nº 3.689, de 3 de outubro de 1941*. Código de Processo Penal. Brasília, DF: Presidência da República, [2019]. Disponível em: http://www.planalto.gov.br/ccivil_03/decreto-lei/del3689compilado.htm. Acesso em: 22 set. 2022.

BURGOS, Enán Arrieta; PEDROZA, Andrés Felipe Duque. Una crítica a la crítica en contra del funcionalismo penal sistémico. *Revista de la Facultad de Derecho* y Ciências Políticas, [*s. l.*], v. 48, n. 128, p. 13-47, 2018.

CALLEGARI, André Luís; LYNETT, Eduardo Montealegre, JAKOBS, Günther; MELIÁ, Manuel Cancio. *Direito penal e funcionalismo*. Tradução André Luís Callegari; Nereu José Giacomolli; Lúcia Kalil. Porto Alegre: Livraria do Advogado, 2005.

CALLEGARI, André Luís; Raul Marques Linhares. *Direito penal e funcionalismo*: um novo cenário da teoria geral do delito. Porto Alegre: Livraria do Advogado, 2017.

CAVALCANTI FILHO, João Trindade. *O discurso do ódio na jurisprudência alemã, americana e brasileira*. Como a ideologia política influencia os limites de expressão. São Paulo: Saraiva Educação, 2018.

CONDE, Francisco Muñoz. *Direito penal do inimigo*. Tradução: Karyna Batista Sposato. Curitiba: Juruá, 2012.

CORIA, Carlos Caro. Sobre la moderna teoria del bien jurídico-penal em Espana y el rechazo del funcionalismo sistêmico de Jakobs. *Revista de Derecho*, [*s. l.*], n. 35, p. 137-68, 1997.

D'AVILA, Fábio Roberto. Aproximação à teoria da exclusiva proteção de bens jurídicos no direito penal contemporâneo. *Revista Brasileira de Ciências Criminais*, São Paulo, ano 17, n. 80, 2009.

D'AVILA, Fábio Roberto. Liberdade e segurança em direito penal. O problema da expansão da Intervenção penal. *In: Crime e Interdisciplinaridade*. Estudos em homenagem à Ruth M. Chittó Gauer. Porto Alegre: EdiPUCRS, 2012.

D'AVILA, Fábio Roberto. *Ofensividade em direito penal*. Escritos sobre a teoria do crime como ofensa a bens jurídicos. Porto Alegre: Livraria do Advogado, 2009.

DEODATO, Felipe A. F. de Negreiros. *Adequação social*. Sua doutrina pelo cânone compreensivo do cuidado-de-perigo. Belo Horizonte: Del Rey, 2012.

REFERÊNCIAS | **191**

DEODATO, Felipe A. F. de Negreiros. *Lições de Direito Penal*. Curitiba: Juruá, 2015.

DEODATO, Felipe A. F. de Negreiros. Qual o caminho seguro para uma *Gesmte strafrechtswissenschaft*, nesses tempos de fatos puníveis secundários. *In: Direito Penal Secundário*: estudos sobre crimes econômicos, ambientais, informáticos e outras questões. São Paulo: Revista dos Tribunais, 2010.

DIEZ RIPOLLES. El bien jurídico protegido en un derecho penal garantista. *Nuevo Foro Penal*, [s. l.], v. 12, n. 60, p. 115-133, 2016.

EIBE, Manuel José Arias. Funcionalismo penal moderado: o teleológico-valorativo *versus* funcionalismo normativo o radical. *Cuadernos de Filosofia de Derecho*, [s. l.], v. 29, p. 439-453, 2006.

FERRAJOLI, Luigi. *Direito e razão*: teoria do garantismo penal. 2. ed. rev. e ampl. São Paulo: Revista dos Tribunais, 2006.

GOMES, Luiz Flávio; YACOBUCCI, Guillermo Jorge. *As grandes transformações do direito penal tradicional*. São Paulo: Revista dos Tribunais, 2005.

GRECO, Rogério. *Direito penal do equilíbrio*: uma visão minimalista do Direito Penal. 9. ed. Niterói: Impetus, 2016.

GRECO, Luís. *Introdução à dogmática funcionalista do delito*. Em comemoração aos trinta anos de "Política Criminal e Sistema Jurídico Penal", de Roxin. *Revista brasileira de Direito Comparado*, [s. l.], [20--]. Disponível em: http://www.idclb.com.br/revistas/20/revista20%20 (13).pdf. Acesso em: 12 maio 2023.

GRECO, Luís. Sobre o chamado direito penal do inimigo. *Revista da Faculdade de Direito de Campos*, [Campos dos Goytacazes], v. 6, n. 7, p. 211-247, dez. 2005. Disponível em: http:// fdc.br/arquivos/mestrado/revistas/revista07/docente/07.pdf. Acesso em: 12 maio 2023.

HABIB, Gabriel. *O direito penal do inimigo e a lei de crimes hediondos*. Niterói: Impetus, 2016.

HASSEMER, Winfried. *Direito penal*: fundamentos, estrutura, política. Organização e revisão: Carlos Eduardo de Oliveira Vasconcelos. Tradução: Adriana Beckman Meirelles *et al*. Porto Alegre: Sergio Antonio Fabris Editor, 2008.

HASSEMER, Winfried. *Direito penal libertário*. Tradução: Regina Greve. Belo Horizonte: Del Rey, 2007.

HASSEMER, Winfried. *Introdução aos fundamentos do direito penal (Einführun in die gundlagen des strafrechts)*. Tradução: Pablo Rodrigo Alflen da Silva. Porto Alegre: Sergio Antonio Fabris Editor, 2005.

HUGO, Victor. *Os Miseráveis*. Tradução: Casimiro L. M. Fernandes. 3. ed. Rio de Janeiro: Nova Fronteira, 2020.

HOMERO. *Odisseia*. Tradução: Carlos Alberto Nunes. 25. ed. Rio de Janeiro: Nova Fronteira, 2015.

JAKOBS, Günther. *Direito penal do inimigo*. Tradução: Gercélia Batista de Oliveira Mendes. Rio de Janeiro: Lumen Juris, 2008.

JAKOBS, Günther. *Fundamentos do direito penal*. Tradução: André Luís Callegari. São Paulo: Revista dos Tribunais, 2003.

JAKOBS, Günther; MELIÁ, Manuel Cancio. *Direito Penal do Inimigo*: noções e críticas. Tradução: André Luís Callegari, Nereu José Giacomolli. Porto Alegre: Livraria do Advogado, 2005.

JAKOBS, Günther. *Proteção de bens jurídicos? Sobre a legitimação do direito penal*. Tradução: Pablo Rodrigo Alflen. 2. ed. rev. Porto Alegre: CDS Editora, 2021.

JAKOBS, Günther. *Sobre la normativización de la dogmática jurídico-penal*. Tradução: Manuel Cancio Mélia; Bernardo Feijó Sánchez. Madrid: Thomson, Cuadernos Civitas, 2003.

JAKOBS, Günther. *Sociedade, norma e pessoa*: teoria de direito penal funcional. Tradução: Mauricio Antonio Ribeiro Lopes. Barueri: Manole, 2003.

JAKOBS, Günther. *Teoria e prática da intervenção*. Tradução: Mauricio Antonio Ribeiro Lopes. Barueri: Manole, 2003.

JESUS, Damásio E. de. *Imputação Objetiva*. 3. ed. rev. e atual. São Paulo: Saraiva, 2007.

KANT, Immanuel, *Metafísica dos costumes*. 3. ed. Tradução: Edson Bini. São Paulo: Edipro, 2017.

LEITE, Flamarion Tavares. *Manual de filosofia geral e jurídica*: das origens a Kant. Rio de Janeiro: Forense, 2006.

LISZT, Franz von. *Tratado de direito penal alemão*. Tradução: José Higyno Duarte Pereira. Brasília, DF: Senado Federal; Conselho Editorial: Superior Tribunal de Justiça, 2006.

LLÁCER, Toni. *Nietzsche, o super-homem e a vontade de poder*. São Paulo: Salvat, 2015.

LUHMANN, Niklas. *Introdução à teoria dos sistemas*. 2. ed. Tradução: Ana Cristina Arantes Nasser. Petrópolis: Vozes, 2010.

LUHMANN, Niklas. *O direito da sociedade*. Tradução: Saulo Krieger. São Paulo: Martins Fontes, 2016.

LUHMANN, Niklas. *Sociologia do direito I*. Tradução: Gustavo Bayer. Rio de Janeiro: Tempo Brasileiro, 1983.

MOCCIA, Sergio. De la tutela de bienes a la tutela de funciones: entre ilusiones postmodernas y reflujos iliberales. *In*: SILVA SÁNCHEZ, Jesús María (org.). *Política criminal y nuevo derecho penal. Libro homenaje a Claus Roxin*. Barcelona: Bosch, 1997.

MORAES, Alexandre Rocha Almeida. *A terceira velocidade do direito penal*: o direito penal do inimigo. 2006. Dissertação (Mestrado em Direito) – Faculdade de Direito, Pontifícia Universidade Católica de São Paulo, São Paulo, 2006.

NASCIMENTO, Diego Leal. *Bem jurídico-penal*: reajustando as expectativas em torno de sua função crítico-limitadora. São Paulo: Dialética, 2021.

NIETZSCHE, Friedrich. *A Gaia Ciência*. Tradução de Paulo Cesar de Souza. São Paulo: Penguin Classics, 2016.

NOVELINO, Marcelo. *Curso de direito constitucional*. 11. ed. ver., ampl. e atual. Salvador: JusPodivm, 2016.

PINCELI, Carlos Ricardo. *Lavoisier, Antoine Laurent (1743-1794)*. [Campinas]: Faculdade de Engenharia Mecânica da Unicamp, [20--?]. Disponível em: https://www.fem.unicamp.br/~em313/paginas/person/lavoisie.htm. Acesso em: 11 maio 2023.

PRADO, Luiz Regis. *Bem jurídico-penal e a constituição*. 8. ed. Rio de Janeiro: Forense, 2019.

PRADO Luiz Regis; CARVALHO, Érika Mendes. *Teorias da Imputação Objetiva do Resultado*: uma aproximação crítica a seus fundamentos. 2. ed. São Paulo: Revista dos Tribunais, 2006.

QUEIROZ, Paulo. *Curso de Direito Penal*: parte geral. 11. ed. Salvador: JusPodivum, 2015.

RAMOS, Enrique Peñaranda; GONZÁLEZ, Carlos Suárez; MELIÁ, Manuel Cancio. *Um novo sistema do direito penal*. Considerações sobre a teoria da imputação objetiva de Günther Jakobs. 2. ed. rev. Belo Horizonte: Livraria do Advogado, 2013.

RAND, Ayn. *A virtude do egoísmo*. Tradução: Matheus Pacini. 2. ed. São Paulo: LVM Editora, 2022.

REALE JÚNIOR, Miguel. *Instituições de direito penal parte geral*. Rio de Janeiro: Forense, 2006.

RIOS, Dernival Ribeiro. *Grande dicionário unificado da língua portuguesa*. São Paulo: DCL, 2010.

ROXIN, Claus. *A proteção de bens jurídicos como função do Direito Penal*. 2. ed. Organização e Tradução André Luís Callegari, Nereu José Giacomolli. Porto Alegre: Livraria do Advogado, 2018.

ROXIN, Claus; ARZT, Gunther; TIEDEMANN, Klaus. *Introdução ao direito penal e ao direito processual penal*. Tradução: Gercélia Batista de Oliveira Mendes. Belo Horizonte: Del Rey, 2007.

ROXIN, Claus. *Estudos de direito penal*. Tradução de Luís Greco. Rio de Janeiro: Renovar, 2006.

ROXIN, Claus. *Política criminal e sistema jurídico-penal*. Tradução de Luís Greco. Rio de Janeiro: Renovar, 2002.

SALAS, Minor E. Ni Roxin ni Jakobs: necesita la dogmática jurídica outro repertorio más de fórmulas vacías? *Cuadernos de Filosofia del Derecho*, [*s. l.*], v. 38, p. 347-373, 2015.

SANTOS, Juarez Cirino dos. *Direito penal*. Parte geral. Florianópolis: Conceito Editorial, 2012.

SEN, Amartya. *Desenvolvimento como liberdade*. Tradução: Laura Teixeira Motta. São Paulo: Companhia das Letras, 2010.

SILVA SÁNCHEZ, Jesús-Maria. *A expansão do direito penal*: aspectos da política criminal nas sociedades pós-industriais. Tradução: Luiz Otávio de Oliveira Rocha. 3. ed. rev. e atual. São Paulo: Revista dos Tribunais, 2013.

SILVA SÁNCHEZ, Jesús-Maria. *Eficiência e direito penal*. Tradução: Maurício Antônio Ribeiro Lopes. Barueri: Manole, 2004.

TAVARES, Juarez. *Teoria do Injusto Penal*. 4. ed. São Paulo: Tirant lo Blanch, 2019.

ULLOA, Manuel Aráuz. El bien jurídico protegido. *Revista de Derecho*, [*s. l.*], [199-?]. Disponível em: https://www.camjol.info/index.php/DERECHO/article/view/1526/1331. Acesso em: 15 out. 2022.

VALENTE, Manuel Monteiro Guedes. *Direito penal do inimigo e o terrorismo*: o progresso ao retrocesso. São Paulo: Almedina Brasil, 2010.

VÍQUEZ, Karolina. Derecho penal del inimigo: una quimera dogmática o um modelo orientado al futuro? *Politica Criminal*, [*s. l.*], v. 2, n. 3, 2007. Disponível em: http:/www.politicacriminal.cl. Acesso em: 26 out. 2022.

WEDY, Miguel Tedesco. *A eficiência e sua repercussão no direito penal e no processo penal*. Porto Alegre: Elegantia Juris, 2016.

REFERÊNCIAS | 195

WEDY, Miguel Tedesco. *Eficiência e Prisões Cautelares*. Porto Alegre: Livraria do Advogado, 2013.

WELZEL, Hans. *O novo sistema jurídico-penal*: uma introdução à doutrina da ação finalista. Trad. Luiz Regis Prado. São Paulo: Revista dos Tribunais, 2001.

ZAFFARONI, Eugenio Raúl. Apuntes sobre el bien jurídico: fusiones y (con)fusiones. *Revista Derecho Penal y Criminología*, [*s. l.*], ano 2, n. 3, 2012.

ZAFFARONI, Eugênio Raúl. *Direito penal humano e poder no século XXI*. Tradução de Ílison Dias Santos, Jhonatas Péricles Oliveira de Melo. Salvador: EDUFBA, 2020.

ZAFFARONI, Eugênio Raúl. *Direito penal nazista*: a dogmática penal alemã entre 1933 a 1945. Tradução: Rodrigo Murad do Prado. Florianópolis: Tirant lo Blanch, 2019.

ZAFFARONI, Eugênio Raúl. *O inimigo no direito penal*. Coleção pensamento criminológico; 14. Tradução: Sérgio Lamarão. 3. ed. Rio de Janeiro: Revan, 2022.

Esta obra foi composta em fonte Palatino Linotype, corpo 10
e impressa em papel Pólen Bold 70g (miolo) e Supremo 250g (capa)
pela Gráfica Star7.